WIEN

HERAUSGEGEBEN IM AUFTRAG
DES AMTES FÜR KULTUR UND
VOLKSBILDUNG DER STADT WIEN

VERLAG FÜR JUGEND UND VOLK

WIEN 1956

3. Auflage

Alle Rechte vorbehalten. — Copyright 1956 by Verlag für
Jugend und Volk, Gesellschaft m. b. H., Wien. — Verlags-
Nr. 1651. — Druck des Textes Josef Gerstmayer, Wien.
Druck der Bilder und des Schutzumschlages Christoph
Reisser's Söhne, Wien.

Dieses Buch ist bemüht, Züge aus dem Antlitz der Stadt herauszugreifen, sei es um ihrer Schönheit willen, sei es um kulturell bedeutsame Bilder festzuhalten oder um die Richtung zu kennzeichnen, die ein neuer Bauwille nimmt.

Zu Beginn dieses Jahrhunderts war Wien die Hauptstadt eines großen Reiches. Von vielen Nöten heimgesucht, blieb seine Lebenskraft ungebrochen. Wer Wien verstehen will, muß daran denken, daß viele Nationen sich in dieser Stadt vereint haben. In Denkmälern, die der Zeit standzuhalten vermochten, in Lebensart, Sitte, Sprache und Bauten findet sich eine Verflechtung der einzelnen Elemente. Die friedliche Nachbarschaft verschiedener Auffassungen entspricht dem Wiener Wesen, der Gabe, fremde Eigenart zu verstehen und ihr gerecht zu werden. Ohne daß Gäste sich dessen bewußt werden, begegnet mancher von ihnen der Formensprache seines Landes. Vielleicht liegt die Wirkung auf den Fremden darin, daß die Stadt Rhythmen seiner Heimat anklingen läßt. Daß Wien Menschen aus der ganzen Welt anzuziehen vermag, scheint ein Beweis zu sein, daß es die ihm innewohnende Kraft erhalten hat.

In der Gegenwart muß man an die Zukunft glauben und für sie arbeiten. Wir tun deshalb, was in unseren Kräften steht. Manche von den Gästen Wiens haben unter den zerstörenden Wirkungen eines sinnlosen Krieges vielleicht noch schwerer gelitten als wir. Sie werden Verständnis für unsere Arbeit haben, da sie durch das gleiche Schicksal und die gleiche Freude am Wiederaufbau mit uns verbunden sind.

Aus der ungebrochenen Kraft einer jungen Generation wächst eine neue Form, die mit dem Leben enger verknüpft ist und die das Wesentliche im Kern, nicht in der Schale sieht. Diese Lebensauffassung beginnt sich bei uns durchzusetzen.

Wenn wir unseren Gästen die Hand zum Willkommgruß reichen, so geschieht dies in dem brüderlichen Gefühl menschlicher Verbundenheit, dem Wien wie ehedem zu dienen bemüht ist.

Willkommen Freunde aus aller Welt, unser Gruß gilt allen, die dem Leben Sinn und Würde geben wollen und — das Lächeln nicht verlernt haben!

FRANZ JONAS, BÜRGERMEISTER

Wien, das schon in vorgeschichtlicher Zeit besiedelt war, gehört zu den alten Städten des
Kontinents. Im ersten Jahrhundert unserer Zeitrechnung befand sich hier das römische
Legionslager Vindobona, das während der Völkerwanderung verfiel. Dann breitet sich ein
Dunkel über das Schicksal der Stadt, und während sieben Jahrhunderten fehlt von ihr jede
Kunde. Erst im Mittelalter erscheint sie wieder im Licht der Geschichte. Unter den Babenbergern und während der Kreuzzüge gewann sie an Bedeutung und wurde im 12. Jahrhundert Residenz und reichsunmittelbare Stadt. Die Grenze der Ostmark und die Grenze
des römisch-deutschen Reiches verlief östlich von Wien und hat sich als Ostgrenze des
heutigen Österreich erhalten. In die Zeit der Habsburger, deren Hausmacht sich über
deutsche und nichtdeutsche Länder erstreckte und die weltweite Beziehungen unterhielten,
blühte Wien auf. In seinem übernationalem Charakter kommt seine Eigenart und sein
österreichisches Wesen zum Ausdruck. Die Habsburger residierten bis zum Zusammenbruch der Monarchie im Jahre 1918 in Wien. Zweimal, 1529 und 1683, wehrte sich die
Stadt gegen die Türken und verteidigte erfolgreich die westliche Zivilisation. Nach end-
gültiger Beseitigung dieser Bedrohung erfolgte ein großer Aufschwung, der in den zahlreichen Barockbauten zu erkennen ist und Wien noch heute eine besondere Note gibt.
Während der napoleonischen Kriege wurde die Stadt 1805 und 1809 von französischen
Truppen besetzt, 1814/1815 tagte hier der Wiener Kongreß. Während der Regierung
Kaiser Franz Josephs I. erfolgte die Umwandlung in eine moderne Großstadt durch
Schleifung der Festungswerke und Eingliederung der früheren Vororte. Nach dem Ersten
Weltkrieg wurde Wien die Hauptstadt der Republik Österreich und ein eigenes Bundes-
land. 1938 verlor Österreich seine Selbständigkeit bis zum Zusammenbruch des National-
sozialismus im Jahre 1945, aber erst 1955 erfolgte in Wien nach einer zehnjährigen Be-
setzung der Abschluß des Staatsvertrags, der Österreich wieder seine Freiheit gab. Für die
Entwicklung Wiens war das Zusammenstoßen verschiedener natürlicher Wirtschaftsgebiete
maßgebend. Seine Lage an der Donau und am Schnittpunkt uralter Straßen, die von Süden
nach Norden, von Osten nach Westen verliefen, bestimmte die Zusammensetzung seiner
Bevölkerung, seine Geschichte und seinen Handel. Bis hierher reichen die Ausstrahlungen
des Morgenlandes in die abendländische Welt. Die Machtsphäre der Habsburger zog Staats-
männer, Künstler und Gelehrte aller Länder an ihren Hof. Dadurch wurden nicht nur
die Züge des Stadtbildes beeinflußt, sondern verschiedenartige Strömungen zu einer geistigen Einheit verschmolzen. Eine Folge dieser historischen Entwicklung ist es, daß sich ausländische Besucher in Wien heimisch fühlen und gerne in einer Atmosphäre verweilen, in
der sie Elementen ihrer eigenen Lebensform begegnen.
Wer die zu Anfang des Buches verzeichneten Namen von hervorragenden Wienern und
Persönlichkeiten, die in Wien gelebt und gewirkt haben, durchsieht und sich ihr Werk
vergegenwärtigt, wird sich dessen bewßt werden, welche Fülle von geistigen und künstlerischen Leistungen Wien aufzuweisen hat. Dies mag darin begründet sein, daß die Stadt
Metropole und kulturelles Zentrum eines großen Reiches war, in dem sich durch Jahr-

hunderte germanische, slawische und magyarische Volksteile mischten und zu einer Schicksalsgemeinschaft verbunden waren.

Es ist deshalb nicht leicht, eine zutreffende Charakteristik des Wieners zu entwerfen. Wer Gutmütigkeit, Liebenswürdigkeit und Humor als markante Züge hervorhebt, wird der vielseitigen Begabung seiner Bevölkerung nicht gerecht. Auch eine stark lebensbejahende Auffassung darf man dem Wiener und der Wienerin zuschreiben, die sich von einem natürlichen Instinkt leiten lassen, der vielleicht von ihren bäuerlichen Wurzeln und ihrer starken Naturverbundenheit herrührt.

Auf dem Boden Wiens haben sich seit jeher Kunst, Wissenschaft und Kultur zu entwickeln vermocht. Es sei nur auf seine Bedeutung als Musikstadt hingewiesen. Unsterbliche haben hier gelebt, und ein Band schlingt sich von den Minnesängern zu den Philharmonikern und den Wiener Sängerknaben. Wien hat der Welt auch bedeutende Ärzte und Forscher, Techniker und Erfinder geschenkt, deren Geist im jungen Nachwuchs noch lebendig ist. Seit altersher werden bildende Künste und Kunsthandwerk gepflegt, und das Gewerbe behauptet sich gegen das Vordringen der Maschine. In den Museen Wiens findet sich ein reicher Niederschlag seines kulturellen Schaffens.

Auf Besucher der Stadt übt ihre reizvolle landschaftliche Umgebung eine besondere Anziehungskraft aus. Wie das Wesen der Menschen, ist auch die Gegend aus verschiedenartigen Elementen zusammengesetzt. Die Höhen des Wienerwaldes, die Ausläufer der Voralpen, die weite Ebene im Osten und die ausgedehnten Auwälder der Donau reichen bis an die Stadt. Auf den sonnigen Hügeln und Berghängen reift der Wein.

Es kann nicht Aufgabe dieses Buches sein, alles zu erfassen, was die Stadt ihren Gästen zu bieten vermag, und es ist auch nicht möglich, allen Leistungen gerecht zu werden, die es einer jahrhundertelangen Entwicklung verdankt. Eine Anzahl von Abbildungen mußten genügen und der Text stellt nur eine knappe Ergänzung der Bilder dar. Das Buch soll vorwiegend der Erinnerung dienen und den Eindruck vertiefen, der sich den Besuchern bei einem vorübergehenden Aufenthalt einprägt. Besondere Aufmerksamkeit wurde dem für Wien so charakteristischen Barock gewidmet, aber auch die neue Stadt, die nach den Bedürfnissen der Gegenwart aufgebaut wird, soll gezeigt werden. Der soziale Wohnhausbau beginnt in der Zweckmäßigkeit seiner Architektur das Stadtbild zu verändern.

Gedenken wir des Schicksals Wiens in den letzten vierzig Jahren. Früher Haupt- und Residenzstadt eines großen Reiches, ist es heute Zentrum eines kleinen Landes an der Ostgrenze des deutschen Sprachgebietes geworden. Nach einer glanzvollen Vergangenheit mußte sich Wien erst langsam der veränderten Lage anpassen und es ist fast ein Wunder zu nennen, daß die Stadt die Erschütterung zu überstehen vermochte und sich trotz der Einengung ihres natürlichen und traditionellen Raumes behauptet. Dies war nur dadurch möglich, daß Wien nicht nur eine musische, sondern auch eine Stadt der Arbeit ist. Fleiß und handwerkliches Können haben ihren gewerblichen und industriellen Aufschwung begründet, Geschmack und Geschick der Bevölkerung den Ruf ihrer Erzeugnisse in ferne Länder getragen.

Die Wunden, die der zweite Weltkrieg der Stadt geschlagen hat, sind zum großen Teil geheilt. Bei der Gestaltung des Buches wurde sichtbar, wieviel von den alten Kulturwerten erhalten blieb und wie stark der Wille dieser Generation ist, Neues dem von der Vergangenheit Überlieferten hinzuzufügen.

VI

Es ist noch nicht lange her, daß riesige Brände zum Himmel lohten, daß sich tiefes Leid und hoffnungslose Niedergeschlagenheit auf die Seelen der Bevölkerung senkten. Wien steht im Begriffe, seinen Platz in der Welt wieder einzunehmen, gemäß den Worten des Dichters:

> „Andre Zeiten — andre Ziele! Andre Ziele — andres Mühn!
> Dennoch kann aus dem Vergangnen ewig nur die Zukunft blühn.
> Darum, Wien, du neues, großes, laß bei allem deinen Tun
> nur getrost die tiefsten Wurzeln in dem alten Grunde ruhn!"

L. C. FRIEDLAENDER

1   Blick auf Wien vom Belvedere / View of Vienna from the Belvedere / Vienne vue des terrasses du Belvédère / Panorama di Vienna visto dal Belvedere superiore

2   Oberes Belvedere, Hofseite / Upper Belvedere, Courtyard Side / Le Belvédère supérieur, façade sur la cour / Belvedere superiore.
Facciata sul cortile

3   Oberes Belvedere, Gittertor / Upper Belvedere, Wrought-iron Gate / Grille du Belvédère supérieur / Belvedere superiore. Cancello in ferro battuto

4   Oberes Belvedere, Gartensaal / Upper Belvedere. The Garden Hall / Vestibule du Belvédère supérieur / Belvedere superiore. Sala terrena

5   Unteres Belvedere / Lower Belvedere / Le Belvédère Inférieur / Belvedere inferiore

6   Palais Schwarzenberg / Schwarzenberg Palace / Le Palais Schwarzenberg / Palazzo Schwarzenberg

7 Palais Schwarzenberg, Kuppelsaal / Schwarzenberg Palace. The Domed Hall / Palais Schwarzenberg, salle à coupole / Palazzo Schwarzenberg. Sala con cupola

8 Technische Hochschule / University of Technology / École Polytechnique / Politecnico

9 Karlskirche / St. Charles Borromeo / Eglise Saint-Charles-Borromée / Chiesa di S. Carlo Borromeo

10   Oper / Opera House / L'Opéra / Teatro dell'Opera

11 Oper, Stiegenhaus / Opera House. The Staircase / Grand escalier de l'Opéra / Teatro dell'Opera. Scalinata

12   Blick vom Ring in die Kärntnerstraße / View from the Ring towards the Kaerntnerstrasse / Vue du Ring sur la Kaerntnerstrasse / La Kaerntnerstrasse vista dal Ring

13 Stock im Eisen / The Stock im Eisen
/ Le Stock im Eisen / Stock im Eisen

14 Akademie der bildenden Künste / Academy of Fine Arts
/ Académie des Beaux-Arts / Accademia di Belle Arti

15 Stephansdom / St. Stephen's Cathedral / La cathédrale Saint-Etienne / Duomo di S. Stefano

17 Stephansdom, Riesentor / St. Stephen's Cathedral. The Giants' Portal / Cathédrale Saint-Etienne, porte
des Géants / Duomo di S. Stefano. Portale maggiore

18 Stephansdom, Grabmal Friedrich III. / St. Stephen's Cathedral. Tomb of Frederick III / Cathédrale Saint-Etienne, tombeau de l'empereur Frédéric III / Duomo di S. Stefano. Tomba di Federigo III

19 Stephansdom, Wiener-Neustädter Altar / St. Stephen's Cathedral. The Wiener Neustadt Altar / Cathédrale Saint-Etienne, autel de Wiener-Neustadt / Duomo di S. Stefano. L'altare di Wiener Neustadt

20   Pestsäule auf dem Graben / The Plague Column on the Graben / La colonne de la Trinité sur le
Graben / La Colonna della Peste sul Graben

21   Der Graben / The Graben / Le Graben / Il Graben

22　Kirche zu den neun Chören der Engel und Mariensäule / Church of the Nine Angelic Choirs and Our Lady's Column /
Eglise des Neuf Chœurs des Anges et Colonne de la Vierge / Chiesa dei Nove Cori degli Angeli e Colonna di S. Maria

23   Bürgerhaus Am Hof / Patrician House on the Square Am Hof / Maison bourgeoise sur la place Am Hof /
Casa patrizia nella piazza Am Hof

24   Palais Kinsky / Kinsky Palace / Le Palais Kinsky / Palazzo Kinsky

25 Palais Kinsky, Stiegenhaus / Kinsky Palace. The Staircase / Escalier du Palais Kinsky / Palazzo Kinsky.
Scalinata

26 Hoher Markt mit Josephssäule / Hoher Markt and St. Joseph's Column / Le Hoher Markt avec la Colonne de Saint-Joseph
/ Hoher Markt con Colonna di S. Giuseppe

27 Altes Rathaus / The Old Town Hall / L'ancien Hôtel de Ville / Vecchio Municipio

28 Kirche Maria am Gestade
The Church of St. Mary on the Banks
Eglise Notre-Dame-du-Rivage
Chiesa di S. Maria al lido

29 Ruprechtskirche
St. Rupert's Church
Eglise Saint-Robert
Chiesa di S. Ruperto

30   Schönlaterngasse mit Basiliskenhaus / Schoenlaterngasse with the House of the Basilisk / Schoenlaterngasse avec la maison
du Basilic / Schoenlaterngasse con la Casa del Basilisco

31   Alter Hof in der Bäckerstraße / Old Courtyard in the Baeckerstrasse / Vieille cour dans la Baeckerstrasse / Vecchio cortile nella Baeckerstrasse

32 Heiligenkreuzerhof / Heiligenkreuzerhof / Le Heiligenkreuzerhof / Heiligenkreuzerhof

33 Griechengasse / Griechengasse / La Griechengasse / Griechengasse

34   Alte Universität und Jesuitenkirche / Old University and Jesuit Church / L'ancienne Université et l'église des Jésuites /
La Vecchia Università e Chiesa dei Gesuiti

35 Jesuitenkirche, Innenansicht / Jesuit Church. The Interior / Intérieur de l'église des Jésuites / Chiesa dei Gesuiti. Interno

36 Portal der Salvatorkapelle / Portal of the Saviour's Chapel / Portail de la chapelle du Sauveur / Portale della Cappella del Salvatore

37 Franziskanerplatz / Square of the Franciscans / Place des Franciscains / Piazzetta dei Francescani

38   Brunnen im Savoyschen Damenstift / Savoyan Foundation for Gentlewomen / Fontaine du couvent des
Dames de Savoie / Fontana nel cortile della Fondazione Savoiarda per nobildonne

39 Andromedabrunnen im Alten Rathaus / Andromeda Fountain in the Old Town Hall / Fontaine d'Andromède
dans la cour de l'ancien Hôtel de Ville / Fontana di Andromeda nel cortile del Vecchio Municipio

40 Stadtpalast des Prinzen Eugen, Portal / Town Palace of Prince Eugene. The Portal / Palais d'hiver du prince
Eugène, portail / Palazzo di città del Principe Eugenio. Portale

41 Stadtpalast des Prinzen Eugen, Stiegenhaus / Town Palace of Prince Eugene. The Staircase / Escalier du Palais d'hiver du prince Eugène / Palazzo di città del Principe Eugenio. La scalinata

42   Stadtpalast des Prinzen Eugen, Einfahrtshalle / Town Palace of Prince Eugene. The Vestibule / Vestibule du Palais d'hiver
du prince Eugène / Palazzo di città del Principe Eugenio. Androne

43   Stadtpalast des Prinzen Eugen, Blauer Salon / Town Palace of Prince Eugene. The Blue Drawing Room / Palais d'hiver
du prince Eugène, le Salon bleu / Palazzo di città del Principe Eugenio. Il salone azzurro

45 Kapuzinergruft / Vault in the Capuchin Church / Crypte des Capucins / Cripta imperiale dei Cappuccini

47 Donner-Brunnen auf dem Neuen Markt / Fountain by R. Donner on the Neue Markt / Fontaine de R. Donner sur le
Neuer Markt / Fontana di Donner nella piazza Neuer Markt

46 Kapuzinerkirche / Capuchin Church / Eglise des Capucins / Chiesa dei Cappuccini

48 Albrechtsrampe / Albrecht's Drive / Rampe de l'Archiduc Albert / Rampa dell'Arciduca Alberto

49 Palais Lobkowitz, Fassade
Lobkowitz Palace, Façade
Palais Lobkowitz, Façade
Palazzo Lobkowitz, Facciata

50 Palais Lobkowitz, Eroicasaal
Lobkowitz Palace. The Eroica
Hall
Palais Lobkowitz, Salle de
l'Eroica
Palazzo Lobkowitz, Sala
dell'Eroica

52   Josephsplatz mit Nationalbibliothek / Square of Joseph II and National Library / La Place Joseph II et la Bibliothèque Nationale / Piazza Imperatore Giuseppe II con la Biblioteca Nazionale

53 Spanische Reitschule / The Spanish Riding School / Ecole d'équitation espagnole / Scuola di equitazione spagnola

54 Hofburg, Michaelertrakt / Imperial Palace, St. Michael's Wing / Palais Impérial, Corps de logis St-Michel / Hofburg. Ala sulla Piazza S. Michele

55   Hofburg, Schweizertor / Imperial Palace, Archway of the Swiss Guards / Palais Impérial, Porte des Suisses /
Hofburg. Porta degli Svizzeri

56 Hofburg, Innerer Burghof / Imperial Palace. The Inner Courtyard / Palais Impérial, Cour Intérieure / Hofburg. Cortile interno

57 Mozartdenkmal im Burggarten
    Mozart Monument in the Burggarten
    Monument de Mozart au Burggarten
    Monumento a Mozart nel giardino della Burg

58 Neue Hofburg
    New Imperial Palace
    Nouveau Palais Impérial
    Nuova Hofburg

59 Arbeitszimmer des Bundespräsidenten / Writing Room of the President / Cabinet du Président de la République /
Gabinetto di lavoro del Presidente della Repubblica federale

60 Michaelertor / St. Michael's Gate /
Porte Saint-Michel / Porta S. Michele

61 Michaelerplatz / St. Michael's Square /
Place Saint-Michel / Piazza S. Michele

62 Stallburggasse und Michaelerkirche / Stallburggasse and St. Michael's Church / La Stallburggasse et l'Eglise Saint-Michel / Stallburggasse e Chiesa di S. Michele

63 Heldenplatz / The Heroes' Square / Place des Héros / Piazza degli Eroi

64 Innere Stadt mit Hofburg / Inner City and Imperial Palace / La Cité avec le Palais Impérial / Centro di Vienna con la Hofburg

65 Bundeskanzleramt / The Federal Chancellery / Chancellerie Fédérale / Cancelleria Federale

66   Stadtpalais Liechtenstein / Liechtenstein Town Palace / Palais d'hiver des princes de Liechtenstein / Palazzo di città
Liechtenstein

68   Barocker Anbau an die Minoritenkirche / Baroque Annex to the Church of the Minors / Annexe baroque de l'Eglise
des Frères Mineurs / Annesso barocco alla Chiesa dei Frati Minori

70 Piaristenkirche / Church of the Piarist Fathers / Eglise des Piaristes / Chiesa degli Scolopi

71   Ringstraße / Ringstrasse / Le Boulevard du Ring / Ringstrasse

72 Burgtheater / Burgtheater / Le Burgtheater / Burgtheater

73   Rathaus, Festsaal / City Hall. The Reception Hall / Hôtel de Ville, salle des Fêtes / Municipio. Sala delle cerimonie

74 Rathaus / The City Hall / Hôtel de Ville / Palazzo del Municipio

75 Universität / The University / Université / Università

76 Haus in der Schreyvogelgasse / House in the Schreyvogelgasse / Maison de la Schreyvogelgasse / Casa nella Schreyvogelgasse

77 Schönbrunn / Schoenbrunn / Château de Schoenbrunn / Schoenbrunn

78   Schönbrunn, Schloßpark / Schoenbrunn. The Gardens / Parc de Schoenbrunn / Schoenbrunn. Parco del Castello

79   Schönbrunn, Gloriette / Schoenbrunn. The Gloriette / La Gloriette du parc de Schoenbrunn / Schoenbrunn. La Gloriette

80 Schönbrunn, Innenraum
Schoenbrunn. A Room
Une pièce du château de Schoenbrunn
Schoenbrunn. Una sala

81 Schönbrunn, Die große Galerie
Schoenbrunn. The Big Gallery
Château de Schoenbrunn. La grande galerie
Schoenbrunn. Il salone

82 Alte Musikinstrumente / Old Musical Instruments / Instruments de musique ancienne / Vecchi strumenti musicali

83 Die Krone des Römisch-Deutschen Reiches
The Crown of the Holy Roman Empire
La couronne du Saint-Empire romain-germanique
La corona del Sacro Impero Romano-Germanico

84 Die Rudolfinische Kaiserkrone
The Imperial Crown of Rudolph II
La couronne impériale de Rodolphe II
Corona imperiale di Rodolfo II

85 Der Imperialwagen des Wiener Hofes / The Imperial Carriage of the Vienna Court / Le carrosse impérial de la cour de Vienne / Carrozza imperiale della Corte di Vienna

86   Künstlerhaus / The Kuenstlerhaus / Le Kuenstlerhaus / Kuenstlerhaus

88 Großer Saal des Musikvereins / Building of the Musikverein. The Big Hall / La grande salle du Musikverein
Grande sala del Musikverein

89 Grillparzers Wohn- und
Sterbezimmer

The Room where Grillparzer
lived and died

Chambre mortuaire de
Grillparzer

La camera dove abitò e morì
Franz Grillparzer

90 Mozartgedenkstätte

Mozart Memorial House

Maison du souvenir de Mozart

Casa dove visse Mozart

91 Beethovenhaus in Heiligenstadt, Hof

Beethoven's House at Heiligenstadt. The Courtyard

Maison de Beethoven à Heiligenstadt, la cour

Casa a Heiligenstadt dove visse Beethoven

92 Beethovenhaus in Heiligenstadt / Beethoven's House at Heiligenstadt / Maison de Beethoven à Heiligenstadt
Casa a Heiligenstadt dove visse Beethoven

93 Schuberts Geburtshaus / Schubert's Birthplace / Maison natale de Schubert
Casa dove nacque Schubert

94 Die Wiener Sängerknaben / The Vienna Choir Boys / Les Petits Chanteurs de Vienne / I Piccoli Cantori di Vienna

95 Ball der Philharmoniker / Ball of the Vienna Philharmonic Orchestra / Bal de l'Orchestre Philharmonique de Vienne / Ballo dei Filarmonici di Vienna

96 Sommerhaus der Familie Strauß / The Summer House of the Strauss Family
Maison de campagne de la famille Strauss / Casa di villeggiatura della famiglia Strauss

97 Modeschule der Stadt Wien / Municipal School for Fashion Design / Ecole municipale des modes
Scuola di Moda della città di Vienna

98 Modeschule der Stadt Wien / Municipal School for Fashion Design / Ecole municipale des modes
Scuola di Moda della città di Vienna

99 Wiener Kunsthandwerk / Vienna Arts and Crafts / Arts décoratifs viennois / Artigianato viennese

Phot. Arthur Benda, Wien

100 Wienerinnen / Viennese Women
Viennoises / Donne viennesi

Phot. Lucca Chmel, Wien

101 Ein Gugelhupf

Gugelhupf,
a Vienna Coffee Cake

Un Gugelhupf
(kouglof viennois)

Un Gugelhupf

102 Rundblick vom Hochhaus / Panorama from the Hochhaus / Vienne vue du Hochhaus / Veduta dalla Hochhaus

103 Wiener Gebäck
Vienna Rolls
Petits pains viennois
(«Viennoiserie»)
Panini di Vienna

104 Kaffeehausterrasse auf dem Hochhaus / Café Terrace on the Hochhaus / Terrasse du Café sur le toit du Hochhaus
Terrazza del Caffè sul tetto della Hochhaus

105 Technisches Museum für Industrie und Gewerbe / Technical Museum for Industries and Crafts / Musée technique des Arts et Métiers / Museo tecnico di Industrie e Mestieri

106 Das erste Benzinautomobil von Marcus / The First Petrol-driven Automobile, built by Marcus
La première automobile à essence de Marcus / La prima automobile a benzina di Marcus

107 Gleitflugzeug von Lilienthal und Etrich-Taube
Lilienthal's Glider and the Etrich-dove
Planeur de Lilienthal et «Taube» d'Etrich
Il velivolo di Lilienthal e il Colombo di Etrich

107, 108, 109 Technisches Museum
Technical Museum
Musée technique
Museo tecnico

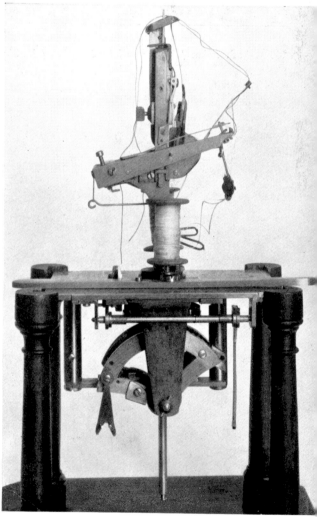

108 Schreibmaschine von Mitterhofer / Type-writer, built
by Mitterhofer / Machine à écrire de Mitterhofer
La macchina da scrivere di Mitterhofer

109 Nähmaschine von Madersperger
Sewing-machine, built by Madersperger
Machine à coudre de Madersperger
La macchina da cucire di Madersperger

110   Die Secession / Building of the Secession / La Sécession / La Secessione

111   Postsparkassenamt / Postal Savings Bank / Caisse d'Epargne Postale / Cassa di risparmio postale

112 Kirche am Steinhof / Church Am Steinhof / Eglise du Steinhof / Chiesa nel Steinhof di Otto Wagner

113 Kinderübernahmsstelle der Stadt Wien / Distribution Centre for Children coming under Municipal Care / Centre d'accueil municipal pour enfants / "Maternità e infanzia,, della città di Vienna

114 Funkhaus / Broadcasting House / La Maison de la Radio / Casa della Radio

115 Werkbundsiedlung / Werkbund Colony / Colonie du Werkbund / Città giardino del Werkbund

116   Städtische Wohnhausanlage Karl-Marx-Hof / Municipal Tenement Blocks Karl-Marx-Hof / Le Karl-Marx-Hof, bloc
d'habitations ouvrières municipial / Complesso di case Karl-Marx-Hof

117 Städtische Wohnhausanlage Kapaunplatz / Municipal Tenement Blocks Kapaunplatz / Bloc d'habitations ouvrières municipal de la Kapaunplatz / Complesso di case Kapaunplatz

118 Arbeiterunfallkrankenhaus / The Workers' Casualty Hospital / Hôpital pour accidentés du travail / Ospedale Infortuni sul lavoro

119 Westbahnhof / Western Railway Station / Gare de l'Ouest / Stazione ferroviaria occidentale

120 Einsteinhof / Municipal Tenement Block Einsteinhof / Cité ouvrière Einsteinhof / Einsteinhof

121 Kongreßsiedlung / Congress Colony / Cité-jardin du Congrès / Città giardino Kongress

122 Sonderkindergarten der Stadt Wien, Schweizer-Spende / Municipal Kindergarten for Backward Children, called Swiss Donation / Jardin d'enfants municipal du Don Suisse / Asilo d'infanzia specializzato della città di Vienna, Dono svizzero

123   Heimstätte für alte Menschen im Steinitzhof / Home for Old-age Pensioners Steinitzhof / Home pour vieillards du Steinitzhof / Ospizio per i vecchi nello Steinitzhof

124   Städtische Volksschule (Basler Schule in Siebenhirten) / Municipal Primary School (Basle School), Siebenhirten Ecole primaire de la Ville de Vienne (Ecole de Bâle à Siebenhirten) / Scuola elementare di Siebenhirten (scuola di Basilea a Siebenhirten)

125   Ringturm / Sky-scraper on the Ring / Gratte-ciel du Ringturm / La Torre del Ring

126 Wohnhochhaus Mommsengasse / Residential Building, Mommsengasse / Résidence de la Mommsengasse / Grattacielo nella Mommsengasse

127   Die Messe im Prater / Fair Buildings in the Prater / La Foire de Vienne au Prater / La Fiera campionaria nel Prater

128 Franz-Joseph-Kai / Embankment of the Danube Canal / Le Quai François-Joseph / Lungocanale

129 Ein städtisches Kinderfreibad / A Municipal Children's Splashing Pool / Piscine municipale pour enfants
Piscina municipale per l'infanzia

130   Marktleben / Market Scene / Scène de marché / Ore di mercato

131 Städtisches Strandbad Gänsehäufel / Municipal Lido Gaensehaeufel / Bains municipaux
   sur le Danube. Le Gaensehaeufel / Piscina comunale al Gaensehaeufel

132 Theresienbad / The Theresienbad / Bains municipaux. Le Theresienbad / Stabilimento balneare Theresienbad

133   Stadionbad / Swimming Pool in the Stadium / Bains municipaux. Le Stadionbad / La piscina dello Stadio

134   Fußballmatch im Stadion / Football Match in the Stadium / Match de Football au Stade de Vienne
Partita di calcio nello Stadio

135 Riesenrad
The Big Wheel
La Grande Roue
La Ruota gigantesca

136 Liliputbahn / Midget Railway / Le Chemin de fer lilliputien du Prater / La ferrovia lillipuziana

137 An der alten Donau / On the Old Danube / Aux bords du Vieux Danube / Il Vecchio Danubio

138 Kastanienblüte im Prater / Chestnut Blossom in the Prater / Marronniers en fleurs au Prater / Ippocastani in fiore nel Prater

139 Wintersport am Stadtrand / Winter Sports on the Outskirts of the City / Sports d'hiver dans la banlieue de Vienne
Sport invernale alla periferia della città

140 Eisstoß auf der Donau / Ice Floes on the Danube / Bancs de glace sur le Danube / Barriere di ghiaccio sul Danubio

141 Stadtpark / The Stadtpark / Le Stadtpark / Particolare dello Stadtpark

142 Beim Heurigen / Drinking New Wine / Guinguette de Heuriger / Un Heuriger

143   Alter Hof in Grinzing / Old Courtyard at Grinzing / Vieille cour de maison à Grinzing / Vecchio cortile a Grinzing

144 Auf dem Kahlenberg / On the Kahlenberg / Sur le Kahlenberg / Sul Kahlenberg

145 Kahlenbergerdorf / Kahlenbergerdorf / Le village de Kahlenbergerdorf / Kahlenbergerdorf

146 Leopoldsberg / The Leopoldsberg / Le Leopoldsberg / Il Leopoldsberg

147 Klosterneuburg bei Wien / Klosterneuburg near Vienna / Klosterneuburg près de Vienne / Klosterneuburg presso Vienna

148 Burg Liechtenstein bei Wien / The Castle of Liechtenstein near Vienna / Château de Liechtenstein près de Vienne
Il castello medievale Liechtenstein presso Vienna

149 Quellen des Wiener Wassers im Schneeberggebiet / Vienna Water Conduit in the Schneeberg Region / Sources
de l'eau de Vienne dans le massif du Schneeberg / Alle sorgenti dell'acqua di Vienna nel territorio dello Schneeberg

150 Stift Melk in Niederösterreich
The Abbey of Melk, Lower Austria
Abbaye de Melk en Basse-Autriche
Monastero dei Benedettini a Melk

151 Dürnstein in der Wachau
Duernstein in the Wachau, Lower Austria
Château de Duernstein dans la Wachau
Duernstein nella Wachau

BEMERKUNGEN ZU DEN BILDERN

NOTES

ANNOTAZIONI ALLE FOTOGRAFIE

BEMERKUNGEN ZU DEN BILDERN

1. *Blick auf Wien vom Belvedere.* Prinz Eugen von Savoyen, der heimliche Kaiser Österreichs, hat für seine Sommerresidenz einen Platz mit beherrschender Sicht gewählt. Der Blick gleitet über die durch das untere Belvedere abgeschlossene Parkanlage mit ihren Brunnen und Terrassen, ihren nach französischer Art zugeschnittenen Taxushecken und steinernen Bildwerken, die eine Meisterleistung barocker Gartenarchitektur darstellt und 1700 geschaffen wurde, über das Häusermeer der Stadt mit ihren vielen Türmen. In der Mitte erhebt sich der Stephansturm, links die mächtige Kuppel der Karlskirche, rechts die Kirche der Salesianerinnen. In der Ferne grüßen die Hänge des Wienerwaldes, die letzten Ausläufer der Alpen, Kahlenberg und Leopoldsberg.

2. *Oberes Belvedere, Hofseite* (III., Prinz-Eugen-Straße). Das ehemalige Gartenpalais des Prinzen Eugen v. Savoyen, 1721 bis 1724 von Lukas v. Hildebrandt erbaut, ist das Hauptwerk des deutschen Spätbarocks, ein Sommersitz, der vor der Stadt lag. Das Palais wurde für Festlichkeiten und Repräsentationszwecke erbaut. Das 1752 vom Hof erworbene Schloß enthielt die kaiserliche Gemäldegalerie und wurde von Erzherzog Franz Ferdinand bewohnt, dessen Ermordung den Auftakt zum ersten Weltkrieg bildete. Die Republik Österreich hat in den Prunkräumen die „Galerie des 19. Jahrhunderts" eingerichtet. Ihr Gegenstück, die „Moderne Galerie", befindet sich in der Orangerie des Schlosses.

3. *Oberes Belvedere, Gittertor.* Von der Südseite führt eine kurze Lindenallee zu einem barocken Gittertor, dessen kunstvolle Schmiedeeisenarbeit nach den Plänen Hildebrandts 1728 geschaffen wurde. Innerhalb des Barockgitters liegen einige Kavalierstrakte, von denen einer dem Komponisten Anton Bruckner als Wohnung überlassen wurde, der hier 1896 gestorben ist. Ein kleiner abgeschlossener Teil des in Terrassen ansteigenden Parks, in dem sich seinerzeit die Menagerie Prinz Eugens befand, enthält einen sehenswerten Garten mit seltenen Alpenpflanzen. Als der Prinz um Mitternacht starb, soll der Löwe ein Gebrüll erhoben haben und am Morgen tot aufgefunden worden sein.

4. *Oberes Belvedere, Gartensaal.* Das Innere des Palais zeigt die Barockkunst in voller Pracht. Von den Räumen ist vor allem der große Marmorsaal sehenswert, in dem am 15. Mai 1955 der Staatsvertrag unterzeichnet wurde, der die Souveränität Österreichs wiederherstellte. Auch die Eingangshalle, die Sala terrena, ist zu einem Prunkraum ausgestaltet. Dem eher niedrigen Raum sind vier gewaltige Atlanten als Säulenträger angepaßt, die zu der Stiege hinleiten. Die reiche Stuckverzierung stammt von Santino Bussi. Decken, Wände und Wölbungen tragen vielfältigen plastischen und malerischen Schmuck.

5. *Unteres Belvedere.* Das Palais wurde 1714 von Lukas v. Hildebrandt für Prinz Eugen erbaut. Vielfältig gegliederte eingeschossige Fassaden mit beherrschendem Mittelteil, ein triumphbogenartiges Eingangsportal und eine wirkungsvolle Gartenfront umschließen den Ehrenhof. Das Gebäude enthält jetzt ein Museum mit Werken des österreichischen Barocks.

6. *Palais Schwarzenberg* (III., Schwarzenbergplatz). Der Gartenpalast ist eines der ersten Monumentalgebäude, die sich nach der Befreiung Wiens von den Türken auf dem verwüsteten Boden außerhalb der Festungswälle erhoben. Das Palais wurde 1699 von Lukas v. Hildebrandt begonnen und 1704 im Rohbau vollendet. Mit seiner herrlichen Gartenanlage ist es ein Zeugnis für den beginnenden Aufschwung der Stadt im Barockzeitalter. Nach dem Tode des Bauherrn erwarb der Obersthofmarschall Fürst Schwarzenberg das Gebäude und ließ es von Fischer v. Erlach, nach dessen Tod von seinem Sohn ausgestalten. Besonders charakteristisch ist der gegen die Vorderfassade zurückspringende ovale Mittelteil, der sich zwischen zwei durch jonische Pilaster wirkungsvoll gegliederten Seitenflügeln erhebt. Die Straßenfront zeigt einen Arkadenvorbau. Die Innenausschmückung erhielt der Palast vor allem durch den österreichischen Barockmaler Daniel Gran, der auch die Einrichtung entwarf. Der Park wurde von Lorenzo Mattielli mit Gartenskulpturen geschmückt und durch kunstvolle Wasserspiele belebt. Fischer v. Erlach d. J., der auch Mechaniker war, hat in dem Garten seine berühmte Dampfmaschine aufgestellt. Diese vermochte gewaltige Wasserfontänen bis 75 Fuß emporzutreiben und war bis in die zweite Hälfte des 18. Jahrhunderts in Betrieb. 1873 wurde an Stelle der Wasserspiele anläßlich der Vollendung der ersten Wiener Hochquellenleitung der beleuchtbare Hochstrahlbrunnen geschaffen.

7. *Palais Schwarzenberg, Kuppelsaal.* Der durch die ganze Höhe des Hauses reichende Prachtsaal gehört zu den bedeutenden Schöpfungen des Barockstils. Die architektonische Ausgestaltung erfolgte durch Fischer v. Erlach d. J. Die Kuppel und die beiden großen Lünetten über den Seitenwänden sowie die Felder über den zwei Halbkuppeln sind von Daniel Gran mit Fresken geschmückt, die mytholgische Szenen darstellen. Die Wände in Glanzstuck weisen Pfeiler und Atlanten auf, deren bunte Farbtöne in wirkungsvollem Gegensatz zu den feingestimmten Farben der Deckengemälde stehen.

8. *Technische Hochschule* (IV., Karlsplatz 13). Im Jahre 1815 konnte der organisatorisch sehr begabte Professor Johann Josef Prechtl den Plan der Errichtung eines polytechnischen Institutes verwirklichen und war bis 1849 dessen erster Direktor. Die Wiener Anstalt ging aus einer bereits 1670 entstandenen Ingenieurschule hervor. Das Wiener k. k. polytechnische Institut sollte eine „Zentral-Bildungs-Anstalt für den Handel und die Gewerbe durch die Verbreitung eines zweckmäßigen ihre Vervollkommnung begründenden wissenschaftlichen Unterrichts" sein. 1872 erhielt das Polytechnikum seine den Universitäten angeglichene Hochschulverfassung, seit 1901 besitzt die Anstalt das Recht zur Verleihung des akademischen Grades eines Doktors der technischen Wissenschaften. Die Hochschule gliedert sich in die Fakultäten Bauingenieurwesen, Architektur, Maschinenwesen, Chemie sowie angewandte Mathematik und Physik, die in verschiedene Abteilungen zerfallen. Das Hauptgebäude am Karlsplatz wurde 1816 nach den Plänen Josef Schemerls im klassizistischen Stil erbaut. Der Komplex wurde seither vergrößert. Der einfache, aber wohlgegliederte dreistöckige Bau mit seiner langgestreckten Hauptfront, dessen Mittelrisalit eine plastische Figurengruppe und Reliefs des Bildhauers Klieber trägt, hat einen durch zwei Stockwerke reichenden, nach einem Entwurf Peter Nobiles geschaffenen, erst 1840 fertiggestellten Festsaal. Die Bibliothek enthält 250.000 Bände. Vor dem Gebäude sind bronzene Porträtbüsten verdienter Professoren aufgestellt.

9. *Karlskirche* (IV., Karlsplatz). Die Kirche, nach dem Stephansdom der bedeutendste Kirchenbau Wiens und seine größte Kuppelkirche, ist ein Hauptwerk J. B. Fischer v. Erlachs Sie wurde 1713 von Karl VI. anläßlich der Pest gelobt und entstand in den Jahren 1716 bis 1739. Sie klingt an italienische Vorbilder an und bildet in ihrer Vielfalt eine harmonische Einheit. Die beiden riesigen Triumphsäulen tragen Spiralreliefs mit Schilderungen aus dem Leben des hl. Karl Borromäus. Die Kirche, die

nach dem Tode Fischers von dessen Sohn vollendet wurde, hat eine bemerkenswerte Lage und bot früher einen idealen Blickpunkt. Am Ufer des eingewölbten Wien-Flusses gelegen, beherrscht sie weithin ihre Umgebung.

10. *Oper* (I., Opernring). Glänzende Opernaufführungen verschönten früher nur die Feste des Herrscherhauses und des Adels. Das Volk ergötzte sich an derb-komischen Komödien, in deren Mittelpunkt die Figur des Hanswurst stand. Erst unter Maria Theresia hörten auch die Wiener Bürger Opern im Theater am Kärntnertor. Zunächst waren es italienische Komponisten und Künstler, die die Wiener entzückten, doch bald wurden die Reformopern Christoph Willibald Glucks, Mozarts „Entführung aus dem Serail", „Figaros Hochzeit" und deutsche Singspiele aufgeführt. 1869 wurde den musik- und tleaterfreudigen Bewohnern der aufstrebenden Donaustadt ein neues, prächtiges Opernhaus geschenkt, das eine Stätte denkwürdiger Veranstaltungen und ein bedeutendes internationales Kunstzentrum wurde. Verdi dirigierte hier 1875 einige Bühnenwerke und sein Requiem, im nächsten Jahre Richard Wagner den „Lohengrin". In der Folge interpretierten viele andere Meister ihre eigenen Werke an der Wiener Oper, der berühmte Sänger und Dirigenten angehörten. Auch das Ballett blickt auf eine große Tradition zurück.

11. *Oper, Stiegenhaus.* Aus einem Wettbewerb für die Erbauung des Hauses gingen die beiden befreundeten Architekten Eduard van der Nüll und August Siccardsburg als Sieger hervor. Die 1860 bis 1869 in romantisch-historisierenden Formen errichtete Oper wurde ihr Meisterwerk und zugleich der erste jener Monumentalbauten, die im Zuge der Stadterweiterung in rascher Folge entstanden. Der Bau zeichnete sich durch übersichtliche und klare Anordnung der einzelnen Teile, vorzügliche Ausnützung des Raumes, hervorragende Akustik und sinnreiche technische Einrichtungen aus. An der malerischen und plastischen Ausschmückung des Äußeren wie des Inneren beteiligten sich namhafte Künstler, vor allem Moritz v. Schwind, von dem die Fresken im Foyer sowie die Wandgemälde mit Szenen aus der Zauberflöte in der Loggia über den Haupteingängen stammen. Das Bild zeigt das prächtige Treppenhaus. Die Wiener Oper wurde am 25. Mai 1869 mit Mozarts „Don Juan" eröffnet. Ihr Inneres wurde im letzten Kriegsjahr fast vollkommen zerstört, aber nach neuen Plänen wieder aufgebaut. Die feierliche Eröffnung im Herbst 1955 war ein festliches Ereignis für die gesamte Musikwelt.

4

12. *Blick vom Ring in die Kärntnerstraße.* Die Kärntnerstraße, seit Jahrhunderten die wichtigste Verkehrs- und Geschäftsstraße und zugleich eine der ältesten Straßen Wiens, wird erstmalig 1257 erwähnt, existierte aber schon seit der um 1194 erfolgten Erweiterung der Stadt. Ihr Name erinnert an jene Zeit, da mit dem Herzogtum Carinthia, in dessen Richtung sie lag, rege Handelsbeziehungen bestanden. Seit dem 13. Jahrhundert verlief dort, wo sich jetzt die Straße zu verbreitern beginnt, die alte Stadtmauer mit dem Kärntnertor und einem wuchtigen Verteidigungsturm. Wien war während der Herrschaft der Babenberger durch eine fast kreisrunde, sich eng an das Stadtgebiet anschließende Ringmauer, vor der ein Graben lag, geschützt, in die als Abwehrstützpunkte eine Anzahl von Türmen eingefügt war. Durch acht Stadttore erfolgte der Verkehr. Der Kärntnerturm, der stärkste der Wiener Stadttürme, sperrte bis zur Mitte des 16. Jahrhunderts den Stadtausgang nach Süden. Seine tiefen unterirdischen Gelasse dienten mehrere Jahrhunderte hindurch als Gefängnis. Bei der ersten Türkenbelagerung im Jahre 1529 war das Tor Brennpunkt der feindlichen Angriffe. Vier Wochen berannten die Türken das stark bewehrte Bollwerk, ohne durchbrechen zu können. Von hier aus leitete der greise Stadtkommandant Graf Niklas Salm die Verteidigung. Die Festungsanlagen wurden im Laufe der Zeit abgetragen, als die wachsende Großstadt den alten Festungsgürtel sprengte. Die Entwicklung der Kärntnerstraße zur modernen Geschäftsstraße ging nur allmählich vor sich. Während der Kämpfe des Jahres 1945 fielen zahlreiche Gebäude den heftig wütenden Bränden zum Opfer. Inzwischen sind die meisten Schäden behoben worden, so daß sie wieder ihr repräsentatives Aussehen erhält.

13. *Stock im Eisen* (I., Stock im Eisen-Platz 3/4). An der Ecke der Kärntnerstraße und des Grabens, seit alten Zeiten eines Hauptplatzes der Innenstadt, steht in einer Mauernische das sagenumwobene Wiener Wahrzeichen, ein dicht mit Nägeln beschlagener Baumstrunk. Zum erstenmal ist der „Stock im Eisen" in einer städtischen Kammeramtsrechnung aus dem Jahre 1533 erwähnt. Die Bedeutung des seltsamen mit den Wurzeln nach oben stehenden Fichtenstammes ist nicht bekannt, ebenso der Ursprung des bis in die erste Hälfte des 19. Jahrhunderts geübten Handwerksbrauches, der die vorüberziehenden Schlossergesellen, Huf- und Nagelschmiede verpflichtete, Nägel in das Holz zu schlagen. Das „unaufschließbare Schloß" an den eisernen Haltebändern, das in der Sage

eine wichtige Rolle spielt, ist eine heute leere Kapsel ohne Mechanismus.

14. *Akademie der bildenden Künste* (I., Schillerplatz). Die Akademie ist die älteste staatliche Kunstanstalt in Mitteleuropa. 1692 aus einer unter kaiserlichem Schutz stehenden Privatschule hervorgegangen, wurde sie als Hofinstitut weitergeführt und dehnte ihren Wirkungsbereich immer mehr aus, so daß neben Malerei, Zeichnen, Bildhauerei und Architektur auch die Kunst des Kupferstechens unterrichtet wurde. Sie befruchtete das gesamte Kunstleben Österreichs. Fürst Wenzel Kaunitz, der als Botschafter in Paris Gelegenheit hatte, die Blüte der französischen Kunst kennenzulernen, schloß dem staatlichen Institut eine Kupferstecher-Akademie sowie eine Graveur- und Bossierschule an. Durch die Vereinigung aller Zweige der freien Künste, der Baukunst, des Kunstgewerbes und des Zeichenunterrichtes wurde sie ein Mittelpunkt des österreichischen Kunstlebens. In den Jahren 1872 bis 1876 erhielt die Anstalt ihr neues Gebäude. Der im Stile der italienischen Renaissance errichtete Bau, ein Meisterwerk Theophil Hansens, beherbergt auch eine der bedeutendsten Gemäldegalerien Europas sowie eine Bibliothek und eine reiche Sammlung von Aquarellen, Kupferstichen, Handzeichnungen und Gipsabdrücken. Die Aula der Akademie, eine in edlen Proportionen gehaltene Säulenhalle, weist ein großartiges Deckengemälde von Anselm Feuerbach auf, der hier als Lehrer wirkte. Die Wiener Akademie, seit 1872 Hochschule, ist auf der Grundlage von Meisterschulen aufgebaut. Malerei, graphische Künste, Bildhauerei, Architektur, Bühnenbildnerei und Festgestaltung, Konservierung und Technologie sowie Kunsterziehung sind die wichtigsten Fächer. Außerdem besteht eine Spezialschule für Wandmalerei (Fresko, Secco, Sgraffito, Mosaik) und ein Lehrgang für Medailleurkunst. Auf dem Platze vor der Akademie der bildenden Künste steht das Schillerdenkmal, ihm gegenüber, jenseits der Ringstraße, das Goethedenkmal.

15. *Stephansdom* (I., Stephansplatz). Der unter den Babenbergern und Habsburgern jahrhundertelang architektonisch ausgestaltete Stephansdom ist das ehrwürdigste und stolzeste Wahrzeichen Wiens, an dem Generationen von Meistern aus verschiedenen Ländern mehrere Stilepochen hindurch arbeiteten. Mit dem Bau wurde wahrscheinlich schon vor der Mitte des 12. Jahrhunderts begonnen. Im 13. Jahrhundert entstand ein völliger Neubau, das letzte Hauptwerk der Spätromanik, von dem aber nur die Westfassade mit dem Riesentor und den Heidentürmen erhalten blieb. Dieser älteste Kern des Stephansdomes wurde beim späteren Umbau unverändert in die gotische Front einbezogen, doch haben ihn die Zubauten der mehr als 200 Jahre währenden gotischen Bauperiode überwachsen. Der dritte Neubau aus dem 14. Jahrhundert gehört zu den bedeutendsten Leistungen der gotischen Architektur. Die Südwand mit ihren reichen Maßwerkgiebeln steigt hoch auf und leitet zu dem fast 137 Meter hohen Südturm über, der ebenso wie das gegenwärtige Kirchenschiff unter Rudolf dem Stifter begonnen wurde. Der Turm steht auf Fundamenten, die aus sieben Meter dicken Mauern gebildet wurden und der Zeit standhielten. Der nördliche (Adler-) Turm, der letzte spätgotische Teil, blieb unausgebaut. In ihm wird die größte Glocke des Landes, die „Pummerin", Aufnahme finden. Die Kirchenpolitik der Habsburger, vor allem Herzog Rudolfs IV., der als geistiger Schöpfer des Baues gelten kann, war die Hauptursache für die Ausgestaltung des Stephansdomes. St. Stephan war auch das Zentrum einer großen Bauschule, deren Einfluß weithin ausstrahlte. Die mittelalterliche Dombauhütte war eine Bruderschaft und Teil einer europäischen Werkgenossenschaft, der selbst Herrscher als Mitglieder angehörten. Die Kirche war einst von einem Friedhof umgeben, der sich schon im Mittelalter als zu klein erwies, so daß man genötigt war, die Begräbnisstätten in die Tiefe zu verlegen. Dies führte zur Anlage der sogenannten Katakomben, die besonders in der Pestzeit Verwendung gefunden haben sollen. Was seit dem 16. Jahrhundert dem Bau hinzugefügt wurde, ist gegenüber dem Anteil des Mittelalters nicht bedeutend. Die Zeit der Renaissance und der Reformation legte auf sakrale Architektur wenig Wert. Während der Gegenreformation und im Zeitalter des Barocks erfolgten verschiedene bemerkenswerte An- und Einbauten, die das harmonische Gesamtbild nicht beeinträchtigten. In den Kämpfen um Wien wurde 1945 der Dom durch Beschuß und Brand schwer beschädigt. Zur Wiederherstellung trug die gesamte Bevölkerung bei.

16. *Stephansdom, Innenansicht.* Im Dom ist die Hallenform der Gotik am klarsten ausgeprägt. Die beiden Hauptbauzeiten des hoch- und spätgotischen Baues bestimmen auch den Charakter des Inneren. Das dreischiffige, als Halle mit überhöhtem Mittelschiff angelegte Langhaus wurde um die Mitte des 15. Jahrhunderts vollendet. Alle drei Schiffe liegen unter einem einheitlichen Dach und empfangen nur von den Fenstern der Seitenschiffe her

Licht. Das Langhaus geht in den gleichfalls dreischiffigen Chor über, von dem es nur durch die schmale unbelichtete Zone des Querschiffes getrennt ist. Die freistehenden Pfeiler des Langhauses und des Chores sind mit bedeutenden gotischen Bildwerken geschmückt. Nach oben klingt der hohe Raum in ein schwebendes Netzrippengewölbe aus. Mit seinem mittelalterlich-gotischen Grundcharakter, seinen spätgotischen Teilen und barocken Stilelementen ruft das Innere des Domes den Eindruck monumentaler Größe hervor. Die Kanzel stellt ein durch seinen ornamentalen und figuralen Reichtum ausgezeichnetes Meisterwerk der spätgotischen Wiener Plastik dar und wurde um 1513 von Meister Anton Pilgram, dessen Selbstbildnis aus einem Fenster unter der Kanzelstiege blickt, aus Sandstein verfertigt. Der Stein ist in ein zierliches Geäst verwandelt. In starkem Kontrast dazu sehen von der Brüstung die lebensecht wirkenden Idealköpfe der vier Kirchenväter herab.

17. *Stephansdom, Riesentor.* Das Riesentor, ein Meisterwerk der niederösterreichischen Portalschule aus der Zeit Přemysl Ottokars, übt mit seinen Steinplastiken starke Wirkung aus. Das Portal mit den beiden Heidentürmen stellt den ältesten Teil der Stephanskirche dar, Reste einer spätromanischen dreischiffigen Basilika, zu deren Westfassade sie gehörten. Das Portal und die reiche, gleichfalls spätromanische Tordekoration sind wahrscheinlich nach dem großen Stadtbrand von 1258 entstanden, der die Kirche beschädigt hatte. Über den verzierten Wandsäulen läuft ein symbolisches Fries, den man wie einige seltsame Figuren in den Nischen der Vorhalle nur zum Teil zu deuten vermag. Diese altertümlichen Bildwerke am Kircheneingang haben ihren geheimnisvollen Reiz bis heute nicht verloren. An der Portalwand sind links zwei Eisenstäbe des mittelalterlichen Wiener Normalmaßes eingelassen. Das Riesentor wurde früher nur bei feierlichen Anlässen geöffnet. Kaiser und Könige hielten hier ihren Einzug in die Kirche. Einer der denkwürdigsten war wohl der Rudolf von Habsburgs zum Dankgottesdienst anläßlich seines Sieges über König Přemysl Ottokar in der Schlacht auf dem Marchfeld. Einst diente das Tor auch als Anschlagtafel. Als letzte Kundmachung hing die Abschiedsproklamation Napoleons I. daran.

18. *Stephansdom, Grabmal Friedrich III.* Im Apostelchor der Stephanskirche befindet sich das berühmte Grabmal Friedrichs III., ein Hochgrab aus rotem Marmor von bedeutendem künstlerischem Wert. Es entstand in den Jahren 1467 bis 1513, wurde im Auftrage des Kaisers noch zu dessen Lebzeiten von Niklas Gerhart van Leyden entworfen und begonnen, nach dessen Tod von zwei Künstlergenerationen weitergeführt und vollendet, als deren Vertreter Max Valmet und Michael Tichter überliefert sind. Auf einem hohen Unterbau erhebt sich ein rundbogiges Geländer, das den mächtigen Sarkophag umschließt. Die Seitenwände zeigen prachtvoll ausgearbeitete Reliefdarstellungen der religiösen Stiftungen des Kaisers. Der hervorragendste Teil des Werkes ist die Grabplatte mit dem Bildnis des Verblichenen. Das Grabmal wurde erst 20 Jahre nach dem Tode Friedrichs III. fertiggestellt. Eine Merkwürdigkeit bildet das offengelassene Sterbedatum MCCCC..

19. *Stephansdom, Wiener-Neustädter Altar.* Der durch Größe und ikonographischen Reichtum bemerkenswerte Flügelaltar dient als Abschluß des linken Seitenschiffes. Im Stile des frühen 15. Jahrhunderts geschaffen, wurde er aus Viktring in Kärnten in das Neukloster von Wiener-Neustadt gebracht und 1884 in der Stephanskirche aufgestellt. Das reiche Schnitzwerk des Schreins und der Innenseiten der Flügel stellt die Krönung Marias und andere Szenen aus dem Marienleben dar. Die zweifachen Außenflügel sind bemalt und bilden eine interessante Vorstufe des Donaustils.

20. *Pestsäule auf dem Graben* (I.). Dieses der Dreifaltigkeit geweihte Denkmal verdankt seine Entstehung einem Gelöbnis Leopold I. anläßlich der Pest von 1679, die für die Stadt eine der schwersten Heimsuchungen seit dem Mittelalter war. 12.000 Bewohner sollen damals der Seuche zum Opfer gefallen sein. 700 Häuser standen leer, Kirchen und Schulen waren gesperrt. Die Sterbenden wurden zusammen mit den Toten in die Pestgrube geworfen. Die Votivsäule, ursprünglich aus Holz und erst 1687 in ihrer heutigen Gestalt errichtet, wurde von dem kaiserlichen Theateringenieur Lodovico Burnacini entworfen und unter seiner Leitung in Gemeinschaftsarbeit der besten damaligen Bildhauer 1693 vollendet. Die sechs Sockelreliefs stammen von J. B. Fischer v. Erlach. Auf einem gewaltigen Unterbau häuft sich in hochaufgetürmten Wolkenmassen eine Fülle von Skulpturen. Die schwungvolle Komposition, die üppige Dekoration und die stark illusionierende malerische Wirkung des Monuments verleihen ihm besondere Schönheit. Die Pestsäule gehört zu den Hauptwerken der österreichischen Barockplastik.

21. *Der Graben* (I). Der Graben hat manche Wandlung erfahren, ehe er zu einem Zentrum des großstädtischen Lebens von Wien wurde.

Er bildete bis zum Ende des 12. Jahrhunderts ein Stück des ehemaligen Grabens des römischen Standlagers, der anläßlich der Stadterweiterung unter Herzog Leopold VI., dem Glorreichen, zugeschüttet und verbaut wurde. 1294 als Platz urkundlich erwähnt, war er im späten Mittelalter einer der bedeutendsten Marktplätze und änderte je nach seiner wechselnden Verwendung wiederholt den Namen. So hieß er u. a. Grünmarkt und Kräutermarkt. In der Barockzeit spielte er als Schauplatz geistlicher und weltlicher Feste bei kirchlichen und höfischen Feierlichkeiten eine große Rolle. Viele prächtige Festzüge jener Zeit fanden in diesem Rahmen statt, sooft ein Kaiser von der Krönung zurückkehrte oder die Erbhuldigung entgegennahm. Unter Maria Theresia und Josef II. entwickelte sich der Graben zum Mittelpunkt regen Lebens. Seine Gestalt blieb bis 1840 unverändert. Erst durch die Demolierung von Altwiener Häusern, die ihn gegen den Kohlmarkt und die Kärntnerstraße abschlossen, wurde er eine Hauptverkehrsader und eine der wichtigsten Geschäftsstraßen der Stadt, in der nur mehr ein einziges Barockhaus an der Ecke der Dorotheergasse an die Vergangenheit erinnert.

22. *Kirche zu den neun Chören der Engel und Mariensäule* (I., Am Hof). Der gotische Charakter dieser von 1386 bis 1405 für die Karmelitermönche erbauten und 1553 den Jesuiten übergebenen Kirche, eines dreischiffigen Hallenbaues mit kapitellosen schlanken Pfeilern, dringt trotz ihrer virtuosen Barockverkleidung durch. Ihre Fassade, 1662 von einem Angehörigen der Künstlerfamilie Carlone gebaut, stellt die bedeutendste Kirchenfassade des 17. Jahrhunderts in Wien dar. Ein italienischer Typus profanen Gepräges, ist sie mit ihren Seitenflügeln in die Platzfront einbezogen und verwächst organisch mit dem Platz, dessen Name an die Burg der Babenberger, der ersten Landesherren Österreichs, erinnert. Die Mariensäule vor der Kirche verdankt einem Gelübde Kaiser Ferdinands III. ihre Entstehung, weil Wien vor den Schweden bewahrt blieb. Von dem Altane des zurückspringenden Mittelteiles der Kirche aus spendete der Papst Pius VI. zu Ostern 1782 den Wienern seinen Segen, als er nach Wien kam, um Kaiser Josef II. zur Abkehr von seinen Reformen zu bewegen. Von der gleichen Stelle aus wurde 1804 das Kaisertum Österreich und 1806 das Ende des Heiligen Römischen Reiches Deutscher Nationen verkündet. Wenig bekannt ist, daß der Walzerkönig Johann Strauß, der ursprünglich beabsichtigte, sich der ernsten Musik zu widmen,

7

in dieser Kirche sein erstes Graduale für Chor und Orchester aufführen ließ.

23. *Bürgerhaus Am Hof* (I., Am Hof 12). Die Vorgeschichte dieses Hauses reicht weit zurück. Es gehörte früher der Judenstadt an und bildete deren vorgeschobenen Posten gegen den Platz Am Hof, wo die Babenberger residierten und festliche Veranstaltungen abgehalten wurden. Später wandelte sich das Zentrum höfischen Lebens in einen wichtigen Versorgungsplatz der Stadt. In seiner heutigen Gestalt stammte das sogenannte „Urbanihaus", ein Werk Johann Lukas v. Hildebrandts, aus dem ersten Viertel des 18. Jahrhunderts. Mit den beiden geschwungenen Erkern über den Rundbogentoren und in seiner reichen Dekoration stellt es eines der schönsten barocken Bürgerhäuser der Stadt dar. 1906 wurden die uralten, in die Babenbergerzeit zurückreichenden Kellergewölbe zu einer Weinstube ausgestaltet. Er gibt eine Vorstellung vom Ausmaß der alten Wiener Weinkeller, die den Humanisten Aeneas Silvio Piccolomini und nachmaligen Papst Pius II. zu der Bemerkung veranlaßten, daß Wien auch unter der Erde nicht minder geräumig sei.

24. *Palais Kinsky* (I., Freyung 4). Der Adelspalast ist einer der schönsten Wiens und neben dem Belvedere die hervorragendste Schöpfung Lukas v. Hildebrandts. Das Palais wurde 1713 bis 1716 für den Grafen Daun, den tapferen Feldherrn der Türkenzeit und Kriegsgefährten Prinz Eugens, erbaut. Hildebrandt hatte beträchtliche Schwierigkeiten zu überwinden, um auf dem schmalen, aber tiefen Grundstück eine Palastarchitektur mit groß entwickelter Treppenanlage aufzuführen. Alle dekorativen Möglichkeiten des Baues sind auf engstem Raum zusammengedrängt. Das mächtige Portal ist von Säulen und Atlanten flankiert. Bemerkenswert sind die querovale Vorhalle mit Kuppel und figuraler Stuckdekoration, das prachtvolle Stiegenhaus mit reizenden Skulpturen und der ovale Hauptsaal über dem Vestibül mit einem mythologisch-allegorischen Deckenbild von Carlo Carlone, der festliche Repräsentationsraum des Palastes.

25. *Palais Kinsky, Stiegenhaus.* Das in einem Seitenflügel untergebrachte einarmige Stiegenhaus stellt in seiner Beschränkung eine geniale Raumlösung dar. Nischenfiguren und spielende Engel schmücken die durchbrochenen Steinbrüstungen und gliedern das Gewinde des Treppengeländers rhythmisch. Das Deckengemälde des Stiegenhauses, ein Werk Marcantonio Chiarinis, versinnbildlicht die Apotheose des Kriegshelden, der von den Genien

des Ruhmes in die Unsterblichkeit geleitet wird.

26. *Hoher Markt mit Josephssäule* (I.). Der Hohe Markt, seit 1233 urkundlich nachweisbar, ist der älteste, stets unverbaut gebliebene Platz Wiens und das Zentrum des auf die Römersiedlung zurückgehenden Stadtkerns. In der Nähe stand das Praetorium, das Gebäude des römischen Legionskommandos, in dem Kaiser Marc Aurel gewohnt hat und vermutlich 180 n. Chr. gestorben ist. Im Mittelalter war er der Brennpunkt des städtischen Lebens und spielte im Rechts- wie im Wirtschaftsleben die bedeutendste Rolle. Hier wurden die Urteile gesprochen und vollzogen, hier stand u. a. die „Schranne", das älteste Gerichtshaus Wiens, in dem die Verhandlungen gegen die Schwerverbrecher stattfanden, der Narrenkotter, in dem Personen, die Ärgernis erregten, eingesperrt und vom Volk verspottet wurden, sowie der „Pranger", die bekannteste Schandsäule der Stadt. Außer dem Gerichtsgebäude standen hier viele Zunfthäuser. Entsprechend dem ernsten Charakter des Platzes fanden dort keine Festlichkeiten statt, ausgenommen zur Sonnwendfeier. Bei diesem Anlaß vollführten Buhldirnen mit Handwerksburschen einen bacchantischen Tanz, den Ratsherren zu Roß inspizierten. Dieser Brauch wurde 1524 eingestellt. Vom Söller der Schranne erfolgte vor allem Volk die Urteilsverkündigung. Todesund Leibesstrafen wurden zumeist sofort und in der Regel auf dem Hohen Markt vor dem Pranger vollstreckt. Vor dem Schrannengebäude wurde auch der „Öffentliche Ruf" verkündet, der wichtige Verlautbarungen betraf. Beim Neubau der Schranne im Jahre 1740 wurde an dem Gebäude eine der ersten öffentlichen Uhren Wiens angebracht. Rückwärts am Zifferblatt standen die Worte: „Diese Uhr schlägt keinem Glücklichen". Der obere Teil des Hohen Marktes diente auch als Marktplatz. In jüngster Zeit hat man auf dem Hohen Markt Überreste zweier römischer Stabsoffiziersgebäude gefunden, die in einem kleinen, unterirdischen Museum zugänglich gemacht wurden. In der Mitte des Platzes steht die Josephssäule, die einem Gelübte Leopolds I. ihre Entstehung verdankt. Sein Sohn Joseph I. ließ das Bauwerk zunächst aus Holz errichten, das 1706 von Joh. B. Fischer v. Erlach vollendet wurde. An seiner Stelle erhebt sich die später im Auftrage Karls VI. von Joseph Em. Fischer v. Erlach d. J. 1732 aus Erz und Marmor ausgeführte Josephssäule.

27. *Altes Rathaus* (I., Wipplingerstraße 8). Wo das erste Rathaus Wiens stand, ist nicht mit Sicherheit festzustellen. Die Geschichte des Bauwerks, das heute Altes Rathaus genannt wird, reicht bis zum Beginn des 14. Jahrhunderts zurück. Es war ein einfaches, kleines Gebäude. Anschließend befand sich ein Bürgerhaus, das Friedrich der Schöne anläßlich der Aufdeckung einer Verschwörung beschlagnahmte und 1316 dem Stadtrat schenkte. Ein Teil der Baufläche in der Wipplingerstraße gehörte zur ehemaligen, dicht besiedelten Judenstadt, die anschließend an die Herzogsburg Am Hof sich bis zum Tiefen Graben und Judenplatz erstreckte und durch Mauern und Tore abgeschlossen war. Sie bildete ein selbständiges Gemeinwesen mit eigener Schule, Spital, Alters- und Siechenheim. Durch den Erwerb mehrerer Häuser der Judenstadt erweiterte die Gemeinde nach Auflassung des Ghettos im Jahre 1422 und Ausweisung seiner Insassen das Rathaus. Meister Lorenz von St. Stephan errichtete 1455 bis 1457 einen bescheidenen gotischen Neubau, von dem sich Reste in einigen Räumen bis heute erhalten haben. In der Bürgerstube, in der auch Justifizierungen stattfanden, wurden die Geschicke der Hauptstadt eines werdenden Weltreichs entschieden. Erst der Aufschwung der Baukunst in Wien nach der Türkenbelagerung brachte der Stadt ein repräsentatives Rathaus. Zwischen 1699 und 1706 wurde die reichgegliederte barocke Hauptfassade errichtet und ein einheitlicher Bau geschaffen, der mit seinem hübschen Hof Adelspalästen glich. Der Erbauer ist unbekannt, muß aber im Kreise J. B. Fischers v. Erlach gesucht werden. Die Erweiterung der Hauptfront stammt von Theodor Valery aus dem Jahre 1780. Der Prunksaal ist mit Stuccos und Fresken reich geschmückt. Das alte Rathaus besaß ausgedehnte unterirdische Räume, die im 19. Jahrhundert zugeschüttet wurden. Unterhalb der Bürgerstube befand sich das Verhörzimmer. Eine Falltür führte über viele Stufen in einen noch tieferen Saal. Die letzte Sitzung des Gemeinderates in diesem Hause fand 1885 statt.

28. *Kirche Maria am Gestade* (I., Passauer Platz). Die Kirche erhebt sich auf dem Boden des ältesten Stadtkernes. Sie lag am Steilrand der von den Römern besiedelten Stadtterrasse nahe dem ursprünglich an ihr vorbeifließenden und später abgelenkten Hauptarm der Donau und gilt in der Tradition als Gotteshaus der Schiffer und Fischer. Daraus erklärt sich ihr Beiname „am Gestade". Sie gehört zu den ältesten Kirchen und trotz kleiner Ausmaße zu den schönsten gotischen Baudenkmälern Wiens. Seit 1158 urkundlich nachweisbar, bestand sie zweifellos schon früher, doch ist von dem durch Brand zerstörten roma-

nischen Bau nichts mehr erhalten. Unter der Kirche finden sich antike Reste. Chor und Turm entstanden in der ersten Hälfte des 14. Jahrhunderts, das Langhaus mit seiner schönen Fassade wurde 1394 bis 1414 von Meister Michael Weinwurm erbaut. Einzigartige Zeugnisse spätgotischer Kunst sind der schlanke fünfeckige Turm mit seinem durchbrochenen Helm und die reizvollen Portale mit statuengeschmückten Steinbaldachinen. Die stark verfallene Kirche wurde 1809 als Militärmagazin und sogar als Pferdestall verwendet. Nach ihrer Übergabe an den Redemptoristenorden wurde sie wiederholt restauriert und als erste Kirche Wiens regotisiert. Das einschiffige Innere mit seinem breiten hochgotischen Chor und dem schmalen reichgegliederten Langhaus erhielt durch F. Klinkowström, L. Kupelwieser u. a. eine romantische Ausschmückung. Die Kirche Maria am Gestade zeigt die Entwicklung der Gotik in ihrer reinsten Form bis zur höchsten Blüte und ist mit Ausnahme von St. Stephan der einzige Bau unter den älteren Kirchen Wiens, der ausschließlich von Wiener Baumeistern geschaffen wurde.

29. *Ruprechtskirche* (I., Ruprechtsplatz). Die am Rand der römisch-mittelalterlichen Siedlung auf einer Anhöhe gelegene Kirche steht auf dem ältesten Boden Wiens und entstand wahrscheinlich im späten 11. Jahrhundert, reicht aber vermutlich in die Zeit der karolingischen Kolonisation, nach der Überlieferung sogar in eine noch frühere Epoche zurück. Sie soll 740 durch salzburgische Glaubensboten an der Stelle eines ehemaligen römischen Heiligtums erbaut worden sein und gilt als älteste Kirche Wiens. Die erste Nachricht von ihr stammt aus dem Jahre 1161. In der Nähe befand sich der Landungsplatz für die Salzschiffe, deren Fracht aus den Salzbergwerken der Alpen kam. Den äußeren Eindruck bestimmt der vierkantige Turm, der älteste Teil des ehrwürdigen Baues, der mit seinen nach allen Seiten gerichteten rundbogigen Doppelfenstern aus der romanischen Zeit stammt. Ihre noch heute nachweisbare Gestalt erhielt die einfache, aber historisch interessante Kirche, die sonst im wesentlichen Bauelemente der Gotik zeigt, vorwiegend im 12. und 13. Jahrhundert, unterlag aber später wiederholt baulichen Veränderungen. Dabei stieß man mehrfach auf Baureste aus der Römerzeit.

30. *Schönlaterngasse mit Basiliskenhaus* (I.). Die Schönlaterngasse, eine der altertümlichsten Straßen Wiens mit sagenumwobenen Häusern, die zumeist der früh- und hochbarocken Periode angehören, führt ihren Namen nach dem Haus Nr. 8 „Zur schönen Laterne". Im Basiliskenhaus Nr. 7 soll man 1212 beim Graben eines Brunnens auf ein Untier gestoßen sein, das betäubende Gase aushauchte. Das für einen Basilisken gehaltene hahnähnliche Tier ist in einer Mauernische des zweiten Stockwerks dargestellt.

31. *Alter Hof in der Bäckerstraße* (I., Bäckerstraße 7). Die Bäckerstraße ist eine der ältesten Handwerkerstraßen der Stadt. Zur Römerzeit zog hier die große Heerstraße, die das Legionsstandlager Vindobona, das seit seiner Gründung militärischen Zwecken diente und immer eine Grenzfestung blieb, mit der Provinzhauptstadt Carnuntum verband. Unter den alten Häusern ist besonders der Laubenhof aus dem 16. Jahrhundert, einer der wenigen Wiener Renaissancebauten, hervorzuheben. Die Arkaden, die seinerzeit eine Zierde der mit Kunstsinn gestalteten Bürgerhäuser waren, sind noch zu erkennen.

32. *Heiligenkreuzerhof* (I., Schönlaterngasse 3—5). Der seit 1286 urkundlich erwähnte große Freihof des Stiftes Heiligenkreuz geht in seiner gegenwärtigen Gestalt auf das Jahr 1667 zurück und wurde im 18. Jahrhundert erweitert. Geistliche und weltliche Körperschaften errichteten eine Reihe dieser für Wien charakteristischen Wohnhöfe, die zunächst dem eigenen Bedarf dienten, später aber vermietet wurden. Der Heiligenkreuzerhof ist einer jener Stiftshöfe der Innenstadt, dessen Anlage die Weiträumigkeit dieser alten Bauwerke bewahrt hat. Der zurückspringende Gartenhof wird von einer Mauer mit Skulpturen abgeschlossen. An einer Ecke befindet sich die mit einem Türmchen versehene, 1730 in ihre heutige Gestalt gebrachte St. Bernhardskapelle, deren prächtiger Innenraum mit ornamentalen Deckenfresken, einem Hochaltarbild von Martin Altomonte und mit Plastiken von Giovanni Giuliani, dem Lehrmeister Raphael Donners, geschmückt ist.

33. *Griechengasse* (I.). Die Griechengasse führt ihren Namen nach den Kaufleuten, die in dieser Gegend wohnten und als Großhändler und Bankiers zu Wohlstand und Einfluß gelangten. Dieser Teil der Stadt wurde durch den Erneuerungsprozeß der Gegenwart wenig berührt. Die Häuser reichen zum Teil noch in das 16. Jahrhundert zurück. Im Hofe des Neubaues Nr. 7 erhebt sich der einzige erhaltene gotische Wohnturm der Stadt, der auch heute noch bewohnt wird.

34. *Alte Universität und Jesuitenkirche* (I., Dr.-Ignaz-Seipel-Platz). Einer der schönsten und geschlossensten Plätze Wiens ist der frühere Universitätsplatz mit der Jesuitenkirche, auch Universitätskirche genannt. Die italienischen Vorbildern nachempfundene, doppeltürmige Fassade der 1628 bis 1631 erbauten Kirche, eine charakteristische Schöpfung des Frühbarocks, bildet das Mittelstück zwischen der alten Universität und der alten Universitätsaula. Die Wiener Hohe Schule wurde 1365 als zweite deutsche Universität gegründet, erlebte im 15. Jahrhundert ihre erste Blütezeit und wurde 1623 bis 1628 nach dem Sieg über den Protestantismus durch die Jesuiten weiter ausgestaltet. Sie schufen das Jesuitenkolleg und die Universitätskirche. Die alte Aula ist ein schönes spätbarockes, zeitlich schon dem Rokokostil näherstehendes Gebäude französischen Charakters, das unter Maria Theresia 1753 bis 1756 von Jean Nicolas Jadot de Ville-Issey als neue Universität errichtet wurde und seit 1857 Sitz der Österreichischen Akademie der Wissenschaften ist. Hervorzuheben sind die von Gregorio Guglielmi 1755/56 geschaffenen Deckengemälde des Festsaales, die eine Verherrlichung der vier Fakultäten darstellen. In der Aula kam einst Haydns Alterswerk „Die Schöpfung" in Gegenwart des Komponisten zur Uraufführung. Das Haus war im Revolutionsjahr 1848 Herd der Studentenunruhen.

35. *Jesuitenkirche, Innenansicht.* Im Gegensatz zu der ruhigen Fassade steht der prunkvoll ausgestattete Innenraum der Kirche, die unter Ferdinand II. nach dem Siege der Gegenreformation als Triumphbau errichtet wurde. Die bauliche Veränderung und Erweiterung sowie die Innendekoration stellt das Hauptwerk des Jesuitenpaters Andrea del Pozzo aus den Jahren 1703 bis 1705 dar, eines Malers und Architekten, der kurz vorher die neue Jesuitenkirche in Rom ausgeschmückt hatte. Seine Deckenfresken mit Scheinarchitekturen bilden eine bedeutende Leistung der Barokkunst der Jesuiten. Die Perspektive des bemalten Tonnengewölbes ist auf den Hochaltar ausgerichtet. Das Altarbild, eine Muttergottes von Leopold Kupelwieser, wird von einem unsichtbaren Fenster beleuchtet. In dem einschiffigen, in reichem Goldschmuck prangenden Kirchenraum fallen die gewundenen Säulen in Glanzstuck auf. An der Brüstung der aus Nußholz mit Perlmutterintarsia geschnitzten Kanzel stehen die vergoldeten Figuren der vier Evangelisten. Unter der Kirche erstreckt sich eine geräumige Gruft.

36. *Portal der Salvatorkapelle* (I., Salvatorgasse). Die zweischiffige Salvatorkapelle, erstmalig 1301 urkundlich erwähnt, war eine Privatkapelle der mächtigen Patrizierfamilie von Neuburg. 1316 ging der damals noch einschiffige Bau in den Besitz der Stadt über, wurde als Rathauskapelle in das angrenzende Magistratsgebäude einbezogen und um die Mitte des 15. Jahrhunderts erweitert. Damals wurde auch das zweite Schiff angebaut. Sie besteht eigentlich aus zwei Räumen, von denen jeder eine selbständige gotische Kapelle bildet. Das Salvatorstandbild auf dem Hochaltar gab ihr den Namen. Um 1515 entstand das Hauptportal, ein bedeutendes Werk der Frührenaissance in Wien und eines der wenigen Denkmäler aus jener Zeit.

37. *Franziskanerplatz* (I). Der Franziskanerplatz, der kleinste Platz der Innenstadt, ist 1624 entstanden. In der Mitte des Platzes steht der 1798 von Johann Martin Fischer geschaffene Mosesbrunnen. Die Kirche, an deren Stelle früher ein Büßerinnenhaus, eine Art Frauenasyl, stand, wurde in den Jahren 1603 bis 1611 in einem mit gotischen Formen durchsetzten süddeutschen Renaissancestil erbaut. Der Innenraum weist trotz gotischer Elemente in manchen Einzelheiten barocken Charakter auf. Ein Prunkstück ist der Hochaltar in Form eines Baldachins mit gemalter Architektur von Andrea del Pozo und mit der schönen Holzplastik der Mutter Gottes von Grünberg, die allen Zerstörungsversuchen der Bilderstürmer widerstanden haben soll. Die reichgeschnitzte Barockorgel aus dem Jahre 1642 ist die älteste Orgel Wiens. An die Kirche schließt das Klostergebäude an. Es hat eigenartige, ungegliederte und durch Kreisfelder verzierte Fassaden, ein Renaissanceportal und einen sehenswerten Kreuzgang.

38. *Brunnen im Savoyschen Damenstift* (I., Johannesgasse 15). Das Haus des Savoyschen Damenstiftes wurde in der zweiten Hälfte des 17. Jahrhunderts von einem unbekannten Architekten erbaut. Das zweistöckige Palais, das zwei beachtenswerte, gleichgestaltete Portale aufweist, dient heute noch der Aufnahme alter Damen. In einer Nische der in geometrische Felder geteilten Fassade steht eine Bleigußfigur, ein Meisterwerk Franz X. Messerschmidts, eines bedeutenden, aus Schwaben eingewanderten Bildhauers. Im Hof befindet sich ein Wandbrunnen, gleichfalls eine Bleigußarbeit, die Messerschmidt zugeschrieben wird, an der aber vermutlich auch Johann Martin Fischer mitgearbeitet hat. Der Brunnen zeigt eine Darstellung der Witwe von Sarepta, von der die Bibel erzählt, daß ihr Ölkrüglein nie leer wurde.

39. *Andromedabrunnen im Alten Rathaus* (I., Wipplingerstraße 8). Aus dem 18. Jahrhundert stammt der in Bleiguß ausgeführte Andromedabrunnen des genialen Georg Raphael Donner. Es ist die letzte Schöpfung und zugleich eine der besten Leistungen des Meisters, dem nur eine kurze Lebenszeit beschieden war. Das 1741, in seinem Todesjahr entstandene große, fast vollplastische Hochrelief, das die Errettung Andromedas durch Perseus darstellt, ist unter dem Balkon des Hofes angebracht. Das schmiedeeiserne Gitter und das Brunnenbecken sowie die Kinderfiguren zu beiden Seiten bilden eine reizvolle Umrahmung. Der Brunnen zeigt neben dekorativer Meisterschaft eine fast klassische Ausgewogenheit der Gestaltung, wie sie im Spätbarock sonst nicht begegnet. Raphael Donner, dem Wien herrliche Barockwerke verdankt, starb in großer Armut und wurde wie Mozart in einem Massengrab beigesetzt. Seine Witwe mußte sich das Geld für die Bestattung ausleihen.

40. *Stadtpalast des Prinzen Eugen, Portal* (I., Himmelpfortgasse 8). Das Palais, eines der wertvollsten Denkmäler des Wiener Barockstils, wurde für den Prinzen Eugen erbaut, der es durch viele Jahre während der Wintermonate bewohnte und 1736 hier starb. Der Entwurf stammt von Johann Bernhard Fischer v. Erlach, der auch den Mittelteil und das seitliche Treppenhaus ausführte, während Lukas v. Hildebrandt die Flügel sowie die Inneneinrichtung schuf. Trotzdem ist der Charakter der flachen, strenggegliederten Fassade und der Portalanlage (ein Haupt- und zwei Seitenportale) durchaus einheitlich und von großartiger Wirkung. Das Hauptportal zeigt links Herkules und Antäus, rechts Äneas und Anchises. Der Balkon ist mit Trophäen, Vasen und Putten geschmückt.

41. *Stadtpalast des Prinzen Eugen, Stiegenhaus).* Das Stiegenhaus, das in den Barockpalästen eine besondere Bedeutung erhält, gehört zu dem 1696 bis 1698 von Fischer v. Erlach gebauten Mitteltrakt des Palastes. Das Vestibül, das beiderseits Wandfüllungen mit Stuckemblemen und in einer Nische einen Brunnen mit der Kolossalstatue des Herkules enthält, sowie das Treppenhaus sind hohe künstlerische Leistungen. Der Podest der Stiege, die eine prächtige Herkulesstatue schmückt, wird von vier Atlanten getragen. Die Stützfiguren und die Reliefs der Steinpfeiler sind Werke Lorenzo Mattiellis. Die mythologischen Deckengemälde des Treppenhauses von Louis Dorigny zeigen den Lichtgott Apollo im Sonnenwagen, die Gestalt der Fama und den Sturz des Ikarus. Die Rückwand trägt das Reliefporträt des Prinzen Eugen. Stuckreliefs von

Santino Bussi schildern die Kämpfe des Herkules.

42. *Stadtpalast des Prinzen Eugen, Foyer.* Die Einfahrtshalle entspricht durch ihre imposante Raumwirkung dem Gesamteindruck des Prachtbaues. Sie führt in den geräumigen Hof, der für die Wagenauffahrten anläßlich großer Empfänge und Festlichkeiten Platz bot.

43. *Stadtpalast des Prinzen Eugen, Blauer Salon.* Die Innenausstattung des Palastes, dessen Prunkräume außerordentliche Pracht entfalten, verherrlicht die Ruhmestaten des Prinzen, indem sie als allegorische Grundmotive die Herkulessage verwenden. Die reichverzierten Säle im Hauptgeschoß sind Meisterwerke barocker Dekoration, vor allem der blaue Salon. Das Deckenfresko von Marcantonio Chiarini stellt die Vermählung des Herkules und der Hebe im Olymp dar. In den Ecken befinden sich Stuccos mit den Taten des Herkules. Die holzgetäfelten Wände waren einst mit kostbaren Gobelins geschmückt.

44. *Augustinerkirche, Christinendenkmal* (I., Augustinerstraße). Die schlichte, gotische Augustinerkirche wurde 1330 bis 1339 erbaut. Das dreischiffige Langhaus ruht auf fünf Pfeilerpaaren, die Kreuzgewölbe tragen. Der seitliche Turm wurde nach Zerstörung durch einen Brand 1848 neu errichtet. Die Kirche war lange Hof- und Stadtpfarrkirche. Sie blieb auch nach ihrer Restaurierung im gotischen Stil durch Josef II. außen wie innen schmucklos. Die schönste Zierde des leer und streng wirkenden Baues ist das Grabmal Christinens, einer Tochter Maria Theresias. Das berühmte Hauptwerk des italienischen klassizistischen Bildhauers Canova, verkörpert in allegorischen Figuren die Tugenden der Verblichenen. In der Augustinerkirche wurde 1810 Maria Louise von Österreich mit Napoleon Bonaparte per procurationem vermählt.

45. *Kapuzinergruft* (I., Neuer Markt). Die Gruft des alten Kapuzinerklosters, das sich wie der ganze Neue Markt an der Stelle eines römischen Gräberfeldes befand, wurde erst im 17. Jahrhundert als Begräbnisstätte des Herrscherhauses von Kaiser Matthias geschaffen und später mehrfach erweitert. In 138 Särgen ruhen hier 141 Personen, darunter 12 Kaiser und 16 Kaiserinnen aus der Habsburgerdynastie. Die Sarkophage spiegeln Glanz oder Einfachheit vergangener Zeiten wider. Weiters befinden sich fünf Herzbecher und zwei Eingeweideurnen in der Gruft. Die Särge haben meist hohe künstlerische Qualität. Die heutige Kirche stammt aus der Zeit der Entstehung des Klosters, das in den Jahren 1840 bis 1842

vollständig neuerbaut wurde. Den Beisetzungen ging stets eine Feierlichkeit nach strengem spanischem Hofzeremoniell voraus. In der Gruft ruhen die einbalsamierten Körper der Verstorbenen. Ihre Herzen wurden in silbernen Kapseln in der Lorettokapelle in der Augustinerkirche, die Eingeweide in kupfernen Urnen in den Katakomben unter der Stephanskirche, der Herzogsgruft, bestattet. Der große Sarg in der Mitte ist der Doppelsarkophag Maria Theresias und ihres Gatten Franz v. Lothringen, ein Meisterwerk des Spätbarocks, schon 1749 zu Lebzeiten des Herrscherpaares von Balthasar Moll ausgeführt. Auf dem Deckel ist das Paar plastisch dargestellt, an den Seitenwänden befinden sich Reliefs mit Szenen aus seinem Leben. Im Gegensatz zu diesem höchsten Prunk entfaltenden Denkmal der Vergänglichkeit steht der schlichte Sarkophag Josefs II. Als einzige nicht Ebenbürtige fand Gräfin Fuchs, die Erzieherin Maria Theresias, unter den gekrönten Häuptern Aufnahme. Die Gruft wird von Angehörigen des Kapuzinerordens betreut.

46. *Kapuzinerkirche.* Die 1622 bis 1632 errichtete Kirche, ein einfacher, einschiffiger Bau mit einem schlichten Innenraum, dessen Altäre nach den Vorschriften des Ordens aus Holz verfertigt und ohne jede Vergoldung sind, weist zwei Seitenkapellen von hohem Kunstwert auf. Der Altar der sogenannten Kaiserkapelle ist das einzige erhaltene Werk italienischer Hochrenaissance in Wien. Die Altargemälde stammen von dem Kapuzinerpater Norbert Baumgartner, von den Plastiken ist die Pietà von Paul Strudel bemerkenswert. 1934 wurde die alte Kirchenfassade wiederhergestellt und an einer Außenwand das Denkmal Marco d'Avianos errichtet, der während der zweiten Türkenbelagerung als Prediger wirkte und in der Kirche begraben ist.

47. *Donner-Brunnen auf dem Neuen Markt* (I.). Der Brunnen in der Mitte des Neuen Marktes, der im Mittelalter ein Marktplatz für Mehl und Getreide, später eine Stätte prunkvoller Festlichkeiten war, ist das bedeutendste Werk des klassischen Meisters spätbarocker Wiener Plastik, Georg Raphael Donner. Er wurde 1739 im Auftrag der Gemeinde errichtet. Bisher kannte man nur Einzelstatuen als Brunnenfiguren, nicht aber eine so reiche figurale Anlage von unvergleichlicher Gesamtwirkung. In der Mitte des Wasserbeckens sitzt die Providentia, umgeben von vier Kindern. Den Rand des Bassins zieren die Gestalten von vier österreichischen Flüssen. Die nackten Figuren sind einfach, aber edel geformt und zeigen eine

Realistik, wie sie sonst der Barockzeit fremd ist. Auf Befehl Maria Theresias wurden sie aus Sittlichkeitsgründen abgetragen und führten im Materialdepot des bürgerlichen Zeughauses ein verborgenes Dasein, bis sie nach Jahren dem Bildhauer Johann Martin Fischer zum Einschmelzen übergeben wurden. Dieser erkannte aber ihren hohen künstlerischen Wert, setzte sich für ihre Wiederaufstellung ein und führte sie selbst durch. Seit 1873 sind sie durch Bronzekopien ersetzt, da der Bleiguß, aus dem sie hergestellt sind, den Witterungseinflüssen nicht standhielt. Die Originale befinden sich im Barockmuseum.

48. *Albrechtsrampe* (I.). Die Rampe zum Albrechtspalais ist ein Rest der alten Augustinerbastei, die vom Kärntnertor zur Hofburg führte. An ihr befindet sich der Albrechtsbrunnen, dessen Mittelpunkt die Marmorgruppe des Danubius und der Vindobona bildet. Oberhalb der großen Brunnenanlage und vor dem Palais erhebt sich das Reiterstandbild des Feldmarschalls Erzherzog Albrecht, des Siegers von Custozza, ein Werk des Spätklassizisten Zumbusch. Die breite Treppe, die an Stelle der früheren Auffahrt angelegt wurde, führt zur Albertina. Diese berühmte Kunstsammlung wurde von Herzog Albert v. Sachsen-Teschen gegründet und gehört jetzt dem Staat. Sie umfaßt vor allem Graphiken sämtlicher Meister und Schulen der älteren und der neueren Zeit und enthält auch eine wertvolle Bibliothek.

49/50. *Palais Lobkowitz, Fassade und Eroicasaal* (I., Lobkowitzplatz). Das nach einem Entwurf von Giovanni Pietro Tencala 1685 bis 1687 für den Grafen Dietrichstein erbaute Palais kennzeichnet den Übergang zur Blütezeit der barocken Architektur in Wien. Der dreigeschossige Bau weist eine eigenartige Fassadengestaltung auf. Fischer v. Erlach d. Ä. hat zu Beginn des 18. Jahrhunderts das Hauptportal und den Dachaufbau hinzugefügt. 1753 ging der Palast in den Besitz der Fürsten Lobkowitz über, die hier glänzende Feste veranstalteten und aus ihm die damals berühmteste Musikstätte Wiens machten. Beethoven war ein häufiger Gast, der Hausherr und andere Musikfreunde sicherten den Lebensunterhalt des Meisters. 1804 wurde in diesem Hause die „Eroica" zum erstenmal aufgeführt. Denkwürdig sind auch die zwei Konzerte vom März 1807, die unter Beethovens persönlicher Leitung stattfanden. Zur Zeit des Wiener Kongresses trafen hier die Spitzen der Gesellschaft aus allen Ländern Europas zusammen. Rauschende Festlichkeiten veranlaßten den Prinzen de Ligne zu dem bekannten Wort: „Der Kongreß tanzt, aber er kommt nicht vorwärts." Das Stiegenhaus ist mit bemerkenswerten Skulpturen und einem Herkulesbrunnen geschmückt, der prunkvolle Festsaal mit einem Deckenbild, das Allegorien der Künste darstellt. Das untere Bild zeigt den Marmorsaal, das obere stellt die frühbarocke Fassade mit dem prächtigen Portal dar. Nach dem zweiten Weltkrieg wurde in dem Palais das französische Kulturinstitut eingerichtet.

51. *Nationalbibliothek, Prunksaal* (I., Josefsplatz). Die Nationalbibliothek und frühere Hofbibliothek, die Umgestaltung eines Baues aus der zweiten Hälfte des 17. Jahrhunderts, wurde zum Teil nach Plänen seines Vaters von Fischer v. Erlach d. J. 1723 bis 1726 errichtet und ist eine der hervorragendsten Schöpfungen des österreichischen Barocks. Das Gebäude, dessen Seitenflügel 1767 und 1773 von Nikolaus Pacassi, dem Vollender Schönbrunns, errichtet wurden, schließt mit einer schlichten, aber monumental wirkenden Fassade den Josefsplatz hinter dem Denkmal Josefs II. ab. Es gehörte zur Hofburg, war aber schon ursprünglich als Bibliothek gedacht. Karl VI. machte die Hofbibliothek öffentlich zugänglich. Im Prunksaal wurde ihm eine Marmorstatue errichtet, ein Werk der Brüder Paul und Peter Strudel. Das strenge Äußere des Baues steht im auffallenden Gegensatz zu der prächtigen Innengestaltung. Vor allem der große Prunksaal, eine langgestreckte Galerie mit korinthischen Säulen und Wandpfeilern, die durch einen querovalen Kuppelraum unterbrochen ist, stellt eine der glanzvollsten Raumschöpfungen der Barockzeit dar. Der Gesamteindruck wird außer durch die Lichtführung auch durch die farbige Harmonie bestimmt, zu der die von Daniel Gran geschaffenen Deckengemälde mit historischen und allegorischen Szenen beitragen. In diesem Saal, der als der schönste barocke Bibliothekssaal der Welt gilt, wurde die Bibliothek des Prinzen Eugen untergebracht. Als öffentlicher Lesesaal wird ein kleinerer Raum verwendet. Die Nationalbibliothek enthält Papyrus-, Inkunabel- und Handschriftenbestände, die zu den größten der Welt gehören. Sie hat sich aus dem schon im 14. Jahrhundert vorhandenen privaten Bücherschatz der Habsburger allmählich entwickelt. Die Vergrößerung erfolgte durch Sammeleifer sowie durch Pflichtexemplare, die zur Erlangung eines kaiserlichen Privilegiums gegen den Nachdruck, später auch aus Zensurgründen abgeliefert werden mußten. Die Bibliothek umfaßt eine Handschriften-, Musik-, Karten-, Papyrus-, Theater- und Porträtsammlung, sowie ein Bildarchiv.

52. *Josefsplatz mit Nationalbibliothek* (I.). Der Josefsplatz, ursprünglich ein Teil des Burggrabens, ist der architektonisch geschlossenste Platz Wiens. Hier befand sich im 14. Jahrhundert der Augustiner Friedhof. 1533 wurde ein Irrgarten für die höfische Gesellschaft angelegt. An der Stelle der heutigen Redoutensäle wurde ein Tanzplatz sowie ein Reit- und Tummelplatz errichtet, der zuerst einem Komödienhaus und später der Nationalbibliothek weichen mußte. Der Baumeister des Josefsplatzes, Emanuel Fischer v. Erlach, hat in Italien, in Paris und London studiert. Die stille Vornehmheit seiner Bauten ist einfacher und unaufdringlicher als die des Hochbarocks. Dies zeigt besonders die herrlich gegliederte Fassade der von ihm 1723 bis 1726 nach den Plänen seines Vaters geschaffenen Nationalbibliothek. Der an die Hofburg anschließende Trakt enthält den Redoutensaal, in dem gelegentlich Opernaufführungen stattfinden. Gegenüber der Nationalbibliothek liegt das von Ferdinand v. Hohenberg in klassizistischen Formen erbaute Palais Pallavicini. Im Mittelpunkt des Platzes steht das bronzene Reiterdenkmal Josef II., ein Werk von Anton Zauner.

53. *Spanische Reitschule*, (I., Hofburg). Die Spanische Reitschule leitet ihren Namen von Pferden spanischer Herkunft ab, die man allein die Hohe Schule lehrte. 1550 errichtete Erzherzog Karl, ein Sohn Ferdinand I., das Gestüt Lipizza im Karst und ließ Pferde andalusischer Zucht dorthin bringen. Das Reiterstandbild Prinz Eugens auf dem Heldenplatz stellt diesen auf einem Lipizzaner sitzend dar. Die prachtvolle Levade, die des Prinzen Hengst ausführt, entspricht nicht nur einer ästhetischen Form, sondern hat auch praktische Bedeutung. Die Hohe Schule wurde in Neapel als Kriegskunst betrieben. Ein Pferd in der Levade hatte seinen Reiter vor den feindlichen Kugeln zu decken und mit der Kapriole gegen seine Verfolger auszuschlagen. Der Ort Lipizza ging nach dem ersten Weltkrieg für Österreich verloren. Die schneeweißen Pferde, die schwarz zur Welt kommen, zeigen, gelenkt von erlesenen Reitern, auch im Ausland ihre Künste.

Die weite Halle der kaiserlichen Winterreitschule, die im Zuge des Ausbaues der Hofburg unter Karl VI. von Josef Emanuel Fischer v. Erlach d. J. in den Jahren 1729 bis 1735 ausgeführt wurde, galt nach ihrer Vollendung als der schönste Reitsaal Europas. Der geräumige Saal, dessen Länge 61,5 m und dessen Breite 22,8 m beträgt, wirkt mit seiner kassettierten Decke und seiner Säulengalerie einfach, aber vornehm. Der Raum war für die Vorführungen

der Spanischen Reitschule bestimmt. Später wurde er der Schauplatz von Hoffesten, Karussels, Maskenbällen, Redouten und sonstiger höfischer Festlichkeiten. Auch große musikalische Veranstaltungen fanden hier statt, wie das Monsterkonzert während des Wiener Kongresses, bei dem vier Orchester Beethovens „Schlacht bei Vittoria" unter der Leitung des Meisters aufführten. 1848 tagte in diesem Saal die erste Sitzung des österreichischen Parlaments. Um die Mitte des 19. Jahrhunderts wurde er seinem ursprünglichen Zweck zurückgegeben und wird seither nur noch von der Spanischen Reitschule benützt. Diese ist heute die einzige und letzte Stelle, an der die klassische Reitkunst noch in reinster Form gepflegt wird und eine internationale Lehrstätte. Die Anfänge des Institutes lassen sich bis in das Jahr 1565 zurückverfolgen.

54. *Hofburg, Michaelertrakt* (I.). Der nach einem Entwurf Fischer v. Erlachs d. J. begonnene Bauteil wurde in seiner jetzigen Gestalt erst 1889 bis 1893 vollendet. Die dem inneren Burghof zugekehrte Hälfte des Michaelertraktes wurde von Fischer v. Erlach selbst stückweise ausgebaut. Die Arbeit mußte aber 1737 aus Geldmangel eingestellt werden. Erst nach einer Pause von 150 Jahren konnte der Bau abgeschlossen werden. Ihm mußte das alte Burgtheater weichen, das an der Stelle stand, wo damals die Hofburg endete. Von ihm ist im linken Durchgang zum Burghof noch ein Tor zu sehen. Die Vorderfront des von einer hohen Kuppel gekrönten Bauwerks nimmt die größte Seite des Platzes ein. Reicher figuraler Schmuck, der u. a. Motive der Herkulessage verwendet, vervollständigt den Gesamteindruck des Burgtores. An der Fassade befinden sich zwei allegotische Wandbrunnen, die Macht zu Lande und zur See darstellend.

55. *Hofburg, Schweizertor*. Das Schweizertor im ältesten Kern der Burg, die aus verschiedenen Zeiten stammt, führt vom Burghof in den Schweizerhof. Dieser breitet sich hinter den heute noch vorhandenen Resten des Grabens aus, der die von Herzog Leopold VI. um 1220 erbaute kleine, aber verteidigungsfähige Residenz umgab. Der Name leitet sich von der kaiserlichen Leibwache her, die seit dem 15. Jahrhundert aus Schweizern bestand und später in diesem Teil der seit 1279 urkundlich erwähnten Burg untergebracht war. Im Mittelalter war die Burg als Fürstensitz nicht bevorzugt. Wohl bereicherte 1447 Friedrich III. den damals am Rande der Stadt stehenden Altbau durch die gotische Burgkapelle und Maximilian I. traf hier die ersten Vorbereitungen zur

Verteidigung der Stadt gegen die Türken. Erst Ferdinand I. verlegte nach der ersten Türkenbelagerung seinen Wohnsitz in die Burg und schritt an ihren Ausbau. In diese Zeit fällt die Entstehung des prächtigen Renaissancetores. Das Tor mit der Inschrift von 1552 ist ein Rest der Erweiterungsbauten Ferdinands I. und ein einzigartiges Werk der Wiener Renaissancearchitektur. Der Torgang zeigt Deckenfresken. Das Portal wirkt durch seine sich an oberitalienische Vorbilder anlehnenden schweren, einfachen Formen festungsartig. An eine Zugbrücke erinnern noch zwei kleine Öffnungen oberhalb des Tores, über deren Kugelrollen ehemals Ketten zum Aufziehen der Brücke führten. Der ernste Gesamteindruck des Tores wird durch den vergoldeten Zierat mit dem krönenden Wappenschmuck verstärkt.

56. *Hofburg, Innerer Burghof.* Den Burghof umschließt ein unregelmäßiger, ausgedehnter Gebäudekomplex, dessen Teile vier verschiedenen Zeiten und Baustilen angehören und der die Entwicklungsphasen der kaiserlichen Residenz während mehr als sechs Jahrhunderten festhält, ein Denkmal österreichischer Geschichte. Die eine Längsseite des Platzes nimmt der 1723 vermutlich nach einem Entwurf J. L. v. Hildebrandts begonnene und 1726 bis 1730 von Fischer v. Erlach d. J. vollendete Reichskanzleitrakt ein. Der Trakt war bis 1806 Sitz der Reichsbehörden, später enthielt er die Wohnräume des Kaisers. Der imposante Bau bildete den architektonischen Abschluß des inneren Burgplatzes, der bis dahin nur auf drei Seiten von Gebäuden umgeben war. Die flache, reichgegliederte Fassade des Gebäudes wird durch Balkone über den drei Hauptportalen, zu deren Seiten Plastiken von Lorenzo Mattielli, die Taten des Herakles darstellend, aufgestellt sind, sowie durch mächtige Wandpfeiler belebt. Die Schmalseite bildet die durch Umbau um 1600 entstandene Amalienburg, deren schlichte, frühbarocke Front in der Mitte unter einem Turm zwei übereinandergestellte Uhren zeigt, von denen die untere eine Sonnenuhr ist. Dem Reichskanzleitrakt gegenüber liegt der 1660 bis 1666 von Leopold I. erneuerte und später erweiterte Leopoldinische Trakt, das Verbindungsglied zwischen dem Amalienhof und der Altburg, durch den vier Tore auf den äußeren Burgplatz führen. Seine Festungswerke überstanden die zweite Türkenbelagerung. Neben den Innentoren befand sich die ehemalige Burgwache, die in früherer Zeit jeden Mittag durch die im Volk beliebte Burgmusik mit klingendem Spiel abgelöst wurde. Die vierte Seite des Platzes begrenzt der Schweizertrakt, der durch das Schweizertor in den Schweizerhof, den ältesten Teil der Burg, führt. Dieser hält die ursprünglich nahezu quadratische Anlage fest, die an gotischen Resten nur mehr die Burgkapelle und die Fundamente mit dem teilweise überbauten Umfassungsgraben aufweist. Der Bau, in seiner Gesamtheit eine Schöpfung der Habsburger, wurde von Przemysl Ottokar kurz vor dem Ende seiner Herrschaft begonnen und von Albrecht I. vollendet. Die mit vier Ecktürmen umgebene alte Burg wurde unter Ferdinand I. zu einem Renaissanceschloß umgebaut, von dem sich noch das Schweizertor, Fensterumrahmungen und Blendarkaden erhalten haben. Der Schweizerhof, dessen Inneres größtenteils modernisiert ist, enthält die geistliche und die weltliche Schatzkammer. In der Mitte des Burghofes erhebt sich die Bronzestatue Franz I. im Gewande eines Imperators, ein Werk des Bildhauers Antonio Marchesi.

57. *Mozartdenkmal im Burggarten* (I., Burgring). Viktor Tilgner, dem Wien hervorragende Bildwerke verdankt, ist auch der Schöpfer des Mozartdenkmales, das 1896 enthüllt wurde. Es stellt durch seinen wohlproportionierten Aufbau, durch schöne Reliefs und anmutige Kindergruppen eine bemerkenswerte Plastik dar. Zwischen dem Goethedenkmal auf dem Ring und der Rückseite der Neuen Hofburg liegt der Burggarten. Hier steht ein kleineres Reiterstandbild Franz v. Lothringens, des Gemahls Maria Theresias, ein Werk Balthasar Molls, das als frühestes Reiterstandbild Wiens gilt.

58. *Neue Hofburg* (I.). Unter Franz Joseph I. wurde der Ausbau der Neuen Hofburg begonnen, doch gelangte von den zu beiden Seiten des Heldenplatzes geplanten Flügeln der Neuen Hofburg nur einer zur Ausführung. Das ursprüngliche Projekt sah die Schaffung eines hufeisenförmigen Kaiserforums mit mächtigen Triumphpforten vor. Der großangelegte Bau, der 1881 begonnen und von Hasenauer nach dem Entwurf Gottfried Sempers in Renaissanceformen errichtet wurde, umfaßt in weitem Bogen den Heldenplatz. Die mächtige Anlage enthält in der Mitte ihres Bogens einen mit Säulen geschmückten Vorbau, dessen Terrasse einen herrlichen Rundblick bietet. Die vom 13. bis zum 20. Jahrhundert während Bauzeit der Wiener Hofburg fand 1907 mit dem Festsaaltrakt, der die alte und neue Burg verbindet, ihren Abschluß. Die zahlreichen Trakte, Höfe, Stiegen und Gänge der vielgestaltigen kaiserlichen Burg haben ihre Namen aus alter Zeit bewahrt. Zeugen der Vergangenheit sind auch die Schatz- und Silberkammern, die prunkvoll eingerichteten Schauräume und Kaiserappartements im

Reichskanzlei- und Amalientrakt mit Wandgemälden, Gobelins, Stukkaturen und Öfen, die historischen Sammlungen und viele Kunstdenkmäler. In der Neuen Hofburg ist auch das Museum für Völkerkunde mit seinen ethnographischen Schätzen sowie die Waffensammlung untergebracht.

59. *Arbeitszimmer des Bundespräsidenten* (I., Hofburg). Im Leopoldinischen Trakt der Hofburg liegt das Arbeitszimmer des Bundespräsidenten und gewährt einen schönen Ausblick auf den Heldenplatz. Wandtäfelung und Stukkatur der Zimmerdecke stammen aus der Zeit Maria Theresias. Der Raum zeigt die weißgoldene Farbgebung des Rokoko. Der einfache, breit ausladende Schreibtisch im Zopfstil wurde schon von Staatskanzler Metternich benützt.

60. *Michaelertor* (I.). Das Michaelertor bildet den Haupteingang zur Burg vom Michaelerplatz aus und liegt gegenüber dem Kohlmarkt, der schon im mittelalterlichen Wien genannt wird.

61. *Michaelerplatz* (I.). Der Kohlmarkt, eine der repräsentativen Geschäftsstraßen der inneren Stadt, mündet in den Michaelerplatz, einen wichtigen Kreuzungspunkt des Verkehrs. Den Platz, nach der Michaelerkirche benannt, schließt der Kuppelbau der Hofburg ab. Die spätromanischen Bauformen der Kirche sprechen für ihre Entstehung in der ersten Hälfte des 13. Jahrhunderts. Die klassizistische Hauptfassade, an der sich ein kleiner Portalvorbau mit einer Engelgruppe befindet, stammt aus dem Jahre 1792. Gegenüber steht das 1910 von Adolf Loos geschaffene Haus, das im Gegensatz zur Bauweise um die Jahrhundertwende sachliche und klare Formen ohne überflüssige Verzierungen aufweist. Im Haus an der Ecke des Kohlmarktes bewohnte Joseph Haydn nach seinem Ausscheiden aus den Wiener Sängerknaben einen armseligen Raum unter dem Dach.

62. *Stallburggasse und Michaelerkirche* (I.). In früheren Zeiten bildete die Stallburggasse eine enge Passage zwischen der Stallburg, einem von 1558 bis 1570 für Maximilian II. erbauten, teilweise zu Hofstallungen umgestalteten Renaissanceschloß und einem Barnabitenkloster, zu dem auch die Michaelerkirche gehörte. Sie ist der um 1416 vollendete Neubau einer viel älteren Kirche. Der hochgotische Turm wurde nach dem Erdbeben von 1590 neu errichtet. Der spätromanische Charakter der Basilika herrscht trotz Um- und Anbauten vor. Das Langhaus und Querschiff steht in wirkungsvollem Gegensatz zu dem hochgotischen Chor. Im Durchhaus an der Außenseite der Kirche

befindet sich ein 1494 gestiftetes gemaltes Steinrelief, Christus am Ölberg, eine interessante altertümliche Wiener Arbeit. Wie im Mittelalter üblich, lag um Kloster und Kirche ein Friedhof, den Kaiser Maximilian I. wegen der Nähe seiner Residenz nicht mehr belegen ließ, der aber erst 1660 aufgelassen wurde.

63. *Heldenplatz* (I.). Vor der Hofburg entstand an Stelle ehemaliger Festungswerke, die Napoleon niederlegen ließ, in den Jahren 1819 bis 1823 der heutige Heldenplatz, zu dessen beiden Seiten zwei Gärten, der Burggarten und der Volksgarten angelegt wurden. Er nimmt eine beherrschende Stellung im Stadtbild ein. Die Glanzpunkte des Platzes sind die beiden Reiterstandbilder des Prinzen Eugen und des Erzherzogs Karl, des Siegers von Aspern, die 1860 und 1865 von Anton Fernkorn geschaffen wurden und zu deren Guß Kanonenmetall aus dem Arsenal verwendet wurde. Vor allem das Erzherzog-Karl-Denkmal gehört zu den schönsten Monumenten der Stadt. Den Abschluß des Platzes gegen die Ringstraße bildet das Äußere Burgtor, das 1824 von Peter Nobile fertiggestellt und am 10. Jahrestag der Schlacht bei Leipzig eröffnet wurde. Heute ist es zu einem Heldendenkmal umgewandelt. Im Erdgeschoß wurde eine Kapelle mit dem Grab des unbekannten Soldaten errichtet. Die Innenseite der Attika trägt die Inschrift „Justitia regnorum fundamentum".

64. *Innere Stadt mit Hofburg.* Das Luftbild gibt einen Ausschnitt der Inneren Stadt mit einem Teil der Prunkgebäude an der Ringstraße wieder. Die beiden Museen erheben sich im Vorderdrund, daran schließt der Heldenplatz mit dem äußeren Burgtor, den die Hofburg umrahmt. Die Innere Stadt wird vom Stephansdom beherrscht. Der Verlauf der Ringstraße folgt dem ehemaligen Glacis. Im Hintergrund sieht man die ausgedehnte Aulandschaft des Praters, die sich entlang der Donau hinzieht.

65. *Bundeskanzleramt* (I., Ballhausplatz). Der Sitz der Geheimen Hofkanzlei wurde unter Karl VI. und Maria Theresia umgebaut. Die Kosten für das nach einem Entwurf J. L. v. Hildebrandts im einfachen Barockstil errichtete Haus sollten aus den Erträgnissen einer neuen Steuer auf jedes ausgehackte Pfund Rindfleisch, gedeckt werden. 1749 überließ Maria Theresia das Gebäude der Staatskanzlei, dem späteren Auswärtigen Amt. Es wurde 1767 von Nikolaus Paccassi unter Mitwirkung des Fürsten Wenzel Kaunitz, der gleich anderen Staatsmännern als Architekt dilettierte, erweitert. In diesem Palais residierten jahrzehntelang zwei der bedeutendsten österreichischen

Staatskanzler, Kaunitz und Metternich. 1815 fanden hier die Beratungen des Wiener Kongresses statt. 1881 wurde der Flügel in der Löwelstraße zugebaut, 1903 erfolgte die Angliederung des neuen Staatsarchivs, der größten Sammlung von Dokumenten zur österreichischen Geschichte. Seit der Auflösung der österreichisch-ungarischen Monarchie im Jahre 1918 dient der Palast als Bundeskanzleramt der Republik.

66. *Stadtpalais Liechtenstein* (I., Bankgasse 9). Der gegen Ende des 17. Jahrhunderts von Antonio Riva nach Plänen Domenico Martinellis begonnene Bau ging vor seiner Fertigstellung in den Besitz eines der ältesten Adelsgeschlechter Österreichs, der Fürsten Liechtenstein über und wurde 1705 durch Gabriel de Gabrieli vollendet. Mehr als andere Paläste Wiens aus jener Zeit trägt das prachtvolle Palais italienischen Charakter und erzeugt mit seinem monumentalen Portal sowie mit dem von einem unbekannten Meister hinzugefügten Seitentor einen imposanten Eindruck. Die Architektur der Fassade ist durch die mächtigen Pilaster des Mittelrisalits und das breite Hauptportal bestimmt. Sein Ernst erhält durch die Plastiken Giovanni Giulianis, des Lehrers von Raphael Donner, eine anmutige Note. Er schuf auch die figurale Zier des prunkvollen mit Stuccos von Santino Bussi geschmückten Stiegenhauses. Das Palais, dessen Inneneinrichtung große Prachtentfaltung zeigt, war durch seine Kunstschätze, Gemälde, Bildwerke, Möbel, Wandverkleidungen, Parkette, Luster und viele technische Kuriositäten berühmt. Es gab Aufzugmaschinen für alle vier Stockwerke, mit einem Federdruck konnte man sämtliche Fenster einer Gassenfront öffnen und schließen, Zimmerwände verschieben und den Saalfußboden aus dem zweiten in den ersten Stock hinablassen. Der Mechanismus erforderte dauernde Reparaturen, weshalb der Volksmund den Palast das „Künstler-Versorgungshaus" nannte. Im Hauptsaal über dem Vestibül befindet sich ein Marmorkamin mit Statuen der Schwestern Napoleons von Canova. Der kunstsinnige Fürst Liechtenstein ließ 1691 bis 1711 auch einen Sommerpalast in der Roßau aufführen und dort die berühmte Gemäldegalerie einrichten.

67. *Minoritenkirche* (I., Minoritenplatz). Die Minoritenkirche, ein dreischiffiger hoher Hallenbau mit vier freistehenden Pfeilerpaaren, die ohne Kapitell in die Gewölbe übergehen, eines der interessantesten Baudenkmäler Wiens, hat im Lauf der Zeit viele Veränderungen erfahren. Die erste Kirche wurde durch Brand zerstört, König Ottokar II. legte den Grundstein zu einer neuen, die in der ersten Hälfte des 14. Jahrhunderts wesentlich vergrößert wurde. Die Vollendung der Hauptkirche erfolgte 1447. Das dazugehörige Kloster mußte 1902 dem heutigen Haus-, Hof- und Staatsarchiv weichen. Kapellen und Klostergebäude waren zum Teil an die Kirche angebaut, einer der Seitenchöre diente zeitweilig als Zinshaus. Während der Reformation wurden Kirche und Kloster ein halbes Jahrhundert lang als protestantisches Gotteshaus verwendet und verschiedentlich umgestaltet. Bei der Türkenbelagerung von 1683 verlor der an das Mittelschiff angebaute, aus dem Viereck ins Achteck übergehende Turm seine barocke Helmspitze und erhielt ein Notdach, das aus dem Stadtbild nicht mehr wegzudenken ist. 1784 wurde die Kirche anläßlich ihrer durch Kaiser Josef II. verfügten Übergabe an die italienische Kongregation, der sie bis heute gehört, von Ferdinand v. Hohenberg im Inneren durchgreifend umgestaltet. Vorübergehend wurde sie sogar als Proviantmagazin und zur Einlagerung von Heu- und Strohvorräten benützt. Bei der Abtragung des Klosters zu Anfang des Jahrhunderts wurde der langgestreckte Hauptchor abgerissen und ein neugotischer Anbau errichtet. Die Kirche wird durch ihre Wucht, durch das hohe Dach, das Fenstermaßwerk und durch bedeutende Außenplastik charakterisiert. Bemerkenswert ist das zweiteilige, feingegliederte Hauptportal. Die Mischung spätbarocker und gotischer Elemente erzeugt eine eigenartige Wirkung. Unter den Bildern, die von Daniel Gran, M. Altomonte u. a. stammen, befindet sich auch eine Mosaikkopie von Leonardos letztem Abendmahl in Originalgröße. Das Werk wurde von Napoleon in Auftrag gegeben, von Franz II. erworben, aber erst viel später aufgestellt. In den Arkaden sind Grabsteine und Architekturfragmente aus dem 14. bis 18. Jahrhundert zu sehen. Diese stammen aus dem Friedhof, der die Kirche, bis um die Mitte des 18. Jahrhunderts umgab.

68. *Barocker Anbau an die Minoritenkirche.* Von dem ehemaligen Klostergebäude ist nur noch ein kleiner, barocker Anbau vorhanden. Unter einem Rundbogen über dem Eingangstor steht ein barockes Steinkruzifix, umgeben von Wolken, über denen Engel spielen. Das reizvolle Häuschen stammt aus der 2. Hälfte des 18. Jahrhunderts. Eine Nische birgt eine gotische Steinstatue der Madonna mit dem Kind. Der anmutige an die gotische Kirche geschmiegte Anbau steht in eigenartigem Gegensatz zu dem ernsten Bauwerk.

69. *Palais Trautson* (VII., Museumstraße 7). Das Gartenpalais Trautson, eine Perle unter den prächtigen Barockpalästen, die nach der Zeit der Türkennot in Wien entstanden sind, ist ein Werk des J. B. Fischer v. Erlach aus den Jahren 1710 bis 1712. Der spätbarocke Bau stammt aus seiner Reifezeit und wurde zum Vorbild für viele Barockbauten in Österreich und Deutschland. Die der Stadt zugekehrte Hauptfassade erhält ihre Eigenart durch den wuchtigen, mit einem Dreieckgiebel geschmückten Mittelrisalit. Die bildnerische Umrahmung der drei Hauptgeschoßfenster zeigt phantasievolle Motive. Der Giebel mit Szenen aus der Götterwelt des Olymp ist der plastische Höhepunkt des reichen Aufbaues. In den Standfiguren der hohen Attika setzt sich das Emporstreben fort. Drei Tore sind zu einem mächtigen Portal zusammengeschlossen, dessen Säulen einen Balkon mit Monumentalstatuen tragen. Die festlich wirkende Stadtfront steht im Gegensatz zu dem Ernst des monumentalen Vestibüls, dessen Gewölbe vier Bündel von je vier toskanischen Säulen tragen. Das ebenso mächtig entwickelte Treppenhaus ist die strahlende Mitte des in vollendeten Proportionen angelegten Gebäudes. Die Treppe wird von einem Sphinxenpaar und vier gewaltigen Atlanten flankiert. In den Innenräumen befinden sich Stuccos von Santino Bussi. Der mit Riesenpilastern und Wandnischen ausgestattete Prunksaal reicht durch zwei Geschosse. Auch die Gartenfassade und die beiden Höfe sind reich gegliedert. Die Chroniken berichten von glänzenden Festen im Palais und von Schäferspielen im Rokokogarten. 1760 wurde das Gebäude von Maria Theresia angekauft und der von ihr gegründeten adeligen ungarischen Leibgarde zugewiesen. Das Palais ist heute Eigentum des ungarischen Staates.

70. *Piaristenkirche* (VIII., Jodok-Fink-Platz). Die Pfarr- und Kollegiatkirche Maria Treu des Piaristenordens, der 1697 nach Wien kam und die Verwahrlosung der Jugend durch die Errichtung „frommer Schulen" bekämpfte, zählt zu den schönsten Sakralbauten der Stadt und schließt einen geräumigen Platz wirkungsvoll ab. Sie wurde 1716 nach dem Entwurf von J. L. v. Hildebrandt begonnen und im Rohbau 1721 vollendet. Die Fassade mit ihrer leicht geschwungenen Fläche sowie die beiden Türme wurden 1752 fertiggestellt und 1860 in ihrer heutigen Gestalt ausgebaut. In der Flachkuppel des prunkvoll ausgestatteten Innenraumes befinden sich Deckenfresken des österreichischen Barockmalers Anton Maulpertsch. Die Kirche ist zu beiden Seiten von dem einfachen Gebäude des Klosters und Konvikts flankiert, dessen Schule hohen Ruf genießt. In der Mitte des Platzes erhebt sich eine Mariensäule aus dem Jahre 1713.

71. *Ringstraße* (I.). Die Ringstraße, eine bedeutende städtebauliche Anlage, steht im Zusammenhang mit dem Aufstieg Wiens zur Großstadt. Die Stadterweiterung vollzog sich in Wien erst viel später als in den meisten anderen Großstädten. Der „Ring", wie die Wiener sagen, wurde gleich den Pariser Boulevards auf dem Boden der ehemaligen Stadtbefestigungen erbaut. Die alten Festungsmauern und Gräben wurden aufgelassen, so daß die Verbindung des Stadtkernes mit den Vorstädten erfolgen konnte. Das Ringstraßenprojekt Ludwig Försters lehnte sich an die konzentrische Stadtform an, der historische Charakter der Inneren Stadt sowie der sie umgebenden Bezirke blieb erhalten. An die 1865 eröffnete Prunkstraße reihen sich die Paläste der Kulturinstitute und Repräsentationsbauten in verschiedenen Stilarten, Meisterleistungen der historisierenden Architektur. Die Alleen und die angrenzenden öffentlichen Gärten beleben das Stadtbild und schaffen inmitten der Stadt ein Luftreservoir. Der Ring ist die Bühne des kulturellen und politischen Geschehens: alle Festzüge, Aufmärsche und Demonstrationen führten stets über ihn. Im Vordergrund des Bildes erhebt sich der Monumentalbau des 1873 bis 1883 in den Formen der griechischen Antike errichteten Parlaments, in dem die gesetzgebenden Organe der Republik Österreich, der National- und der Bundesrat, ihren Sitz haben. Das frühere „Reichsratgebäude" erbaute der zum Wiener gewordene Däne Theophil Hansen, einer der hervorragendsten Spätklassizisten. Der Mittelteil der Hauptfassade, in der Art eines griechischen Tempels, gibt dem Bauwerk seine Prägung. An der plastischen und malerischen Außen- und Innenausstattung wirkten viele zeitgenössische Künstler mit. Die Polychromierung blieb auf das Innere beschränkt. Auf der Attika befinden sich 76 Marmorstatuen und 66 Reliefs. An den beiden Auffahrten sind die Figuren von acht antiken Geschichtsschreibern verteilt. Ein Brunnen aus weißem Marmor von Karl Kundmann bildet die Mitte.

Am Ring liegen auch die beiden Museen, die in den Jahren 1872 bis 1881 von den Architekten Hasenauer und Semper im italienischen Renaissancestil erbaut wurden und in ihrer äußeren Anlage fast übereinstimmen. Die darin untergebrachten Sammlungen gehören zu den größten und wertvollsten der Welt. Das Kunsthistorische Museum enthält die ägyptische Sammlung, die Sammlung griechischer und römischer Altertümer mit einer Münzen- und Medaillenkollektion, die Sammlung kunstgewerblicher Gegenstände des Mittelalters und der Renaissance, die Waffensammlung, das Lapidarium mit griechischen und römischen Inschriften und die Gemäldegalerie mit Meisterwerken der italienischen, französischen und niederländischen Schulen, der spanischen Schule, der deutschen Schulen und Bilder moderner Meister, Aquarelle und Handzeichnungen. Das Naturhistorische Museum birgt die mineralogisch-petrographischen Sammlungen mit prachtvollen Schaustücken, die geologisch-paläontologische Sammlung, die prähistorische Sammlung, die ethnographische Sammlung sowie die zoologischen und botanischen Sammlungen.

72. *Burgtheater* (I., Dr.-Karl-Lueger-Ring). Um die Mitte des 18. Jahrhunderts wurde das Hofburgtheater begründet und unter Josef II. 1776 zum deutschen Nationaltheater erhoben. Der kleine einfache Bau, der aus einem alten Ballhaus entstanden ist, war damals, als der Michaelertrakt noch nicht ausgebaut war, der Hofburg vorgelagert. Gottfried Semper und Karl Hasenauer errichteten auf dem Boden der früheren Bastei in den Jahren 1874 bis 1888 in dem historisierenden Stil ihrer Zeit unter starker Betonung des repräsentativen Moments das neue prunkvolle Theater an der Ringstraße. 1888 fand die Eröffnung mit einer Aufführung von Grillparzers „Esther" und Schillers „Wallensteins Lager" statt, die durch Beethovens Ouverture „Die Weihe des Hauses" und einen von Sonnenthal gesprochenen Prolog eingeleitet wurden. Das Burgtheater, die erste Bühne des deutschen Sprachgebietes, stellt eines der bedeutendsten Bauwerke aus der Zeit der Stadterweiterung dar. Sein Äußeres ist von monumentaler Wirkung und trägt reichen figuralen Schmuck, zu dem viele Künstler beigetragen haben. Die beiden seitlichen Treppenhäuser bilden weitausschwingende Flügel. An das Burgtheater grenzt der Volksgarten mit dem Theseustempel, dem Grillparzer- und Elisabethdenkmal. Das Burgtheater erlitt am Ende des zweiten Weltkrieges schwere Zerstörungen. Die Wiederherstellungsarbeiten dauerten zehn Jahre. Im Rahmen eines Staatsaktes erfolgte 1955 die Wiedereröffnung.

73. *Neues Rathaus, Festsaal.* Im Rathaus führen zwei Feststiegen zum Festsaal. Der 71 m lange, 19½ m breite und 17 m hohe Raum ist der größte Saal des Gebäudes. An der Innenseite verläuft ein breiter Gang mit dem Blick auf den Arkadenhof, nach außen bietet sich durch hohe Fenster ein prächtiger Blick auf die innere Stadt. An drei Seiten umsäumen die Galerien den Festsaal, ein imposantes Tonnengewölbe bildet die Decke. An den Längsseiten erheben sich 18 Statuen ehemaliger Bürgermeister und anderer um Wien verdienter Persönlichkeiten. Die beiden Schmalseiten gehen in Orchesternischen über, in denen die Reliefs von Mozart, Schubert, Gluck und Haydn angebracht sind. Im Festsaal wurden früher die repräsentativen Bälle der Stadt Wien veranstaltet, bei denen u. a. Carl Michael Ziehrer und Johann Strauß dirigierten.

74. *Neues Rathaus* (I., Rathausplatz). Der Erbauer des Rathauses, der Württembergische Architekt Friedrich Frh. v. Schmidt, der besonders die Gotik pflegte, erhielt den Auftrag, das neue Rathaus zu errichten. Der Bau begann 1872, in den Schlußstein ist der 12. September 1883, der Jahrestag der Befreiung Wiens von den Türken, eingemeißelt. Der mächtige Block ist in gotisierendem Stil gehalten. Hinter der prächtig wirkenden breiten Fassade mit dem 97 m hohen Turm, auf dessen Spitze der „eiserne Rathausmann", ein geharnischter Bannerträger steht, liegt ein gewaltiger Komplex mit sieben Höfen. Sein Inneres umfaßt einen großen Teil des städtischen Verwaltungsapparates. Außer den Amts- und Repräsentationsräumen enthält das Rathaus auch ein Archiv, das Historische Museum, eine bedeutende Sammlung von Objekten aus dem Wiener Kulturleben, sowie eine große Bibliothek, deren Bestände in erster Linie Zwecken der städtischen Verwaltung dienen und besonders die Lokalgeschichte berücksichtigen. Vor dem Rathaus befinden sich an der Zufahrtsstraße acht Statuen bedeutender Österreicher. Vor dem Gebäude liegt ein an exotischen Bäumen reicher Park.

75. *Universität* (I., Dr.-Karl-Lueger-Ring). Das heutige Universitätsgebäude wurde in den Jahren 1873 bis 1883 von Heinrich v. Ferstel im italienischen Renaissancestil errichtet. Im Arkadenhof, wo die Denkmäler berühmter Lehrer aufgestellt sind, befindet sich der Kastaliabrunnen. Viele bedeutende Professoren der Wiener Universität haben neue Zweige der Natur- und Geisteswissenschaften begründet. Besonders die Wiener medizinische Schule wurde weltberühmt. Zwei Drittel der hundert Universitätsinstitute befinden sich außerhalb des Hauptgebäudes. Seit 1897 ist es auch Frauen möglich, zu studieren. Nahezu 600 Jahre empfangen Studenten die Doktorwürde der 1365 von Herzog Rudolf IV. dem Stifter nach dem Vorbild der Prager hohen Schule gegründeten Universität, der zweitältesten auf deutschem Boden. Die mittelalterliche Universitätsgemeinde bildete eine kleine Stadt, die nach eigenen Gesetzen lebte und auch von landesfürstlichen Abgaben befreit war. Studenten, Professoren und alle Bediensteten der Alma mater Rudolfina unterstanden der Gerichtsbarkeit des Rektors. Als Zeichen seiner Macht wurden ihm stets Szepter und Schwert vorangetragen. Ein langer, schwarzer Rock war die Kleidung der Scholaren, Latein die Sprache in Vorlesungen und im Heim. Unter Glockengeläute, Pauken- und Trompetenschall verlieh der Kanzler der Universität im Stephansdom die in einer öffentlichen Disputation erworbenen akademischen Würden. Die Amtstracht des Senates sowie einige Formen der Promotionsfeierlichkeiten erinnern noch heute an jene Zeit. Nach dem frühen Tod Rudolfs des Stifters wurde die Universität weiter ausgestaltet. Der neuerliche Stiftsbrief von 1384 bildete bis 1749 die Grundlage der Universitätsverfassung. Unter Kaiser Maximilian I. fand der Humanismus in das akademische Leben Eingang. Eine neue Blüte begann unter den Jesuiten, die von 1623 bis 1627 an der Stelle des ältesten Universitätshauses das Jesuitenkolleg und die Universitätskirche errichteten. Unter Maria Theresia erhielt die Universität ein neues Gebäude. Durch ihre Reformen und die ihrer Nachfolger erfolgte die volle Umwandlung in eine staatliche Lehranstalt, die der praktischen Berufsausbildung diente. Durch die Studienreform des Unterrichtsministers Leo Graf Thun der Jahre 1849 bis 1851 wurde die Lehr- und Lernfreiheit erreicht und jene Form geschaffen, die sich im wesentlichen bis heute erhalten hat.

76. *Haus in der Schreyvogelgasse* (I., Schreyvogelgasse 10). Gegenüber der Universität liegt ein Stück altes Wien. Aus dem letzten Drittel des 18. Jahrhunderts stammt das kleine Häuschen auf der Mölkerbastei, welche ein Überrest der im 16. Jahrhundert angelegten Befestigungswerke ist, die die Stadt umgaben. Während der zweiten Türkenbelagerung wurde um diese Bastei am heißesten gekämpft. In dem Haus soll der Glasermeister Tschöll mit seinen drei schönen Töchtern gewohnt haben, in dessen Familie Franz Schubert freundschaftlich verkehrte. Daher stammt die volkstümliche, aber unhistorische Bezeichnung „Dreimäderlhaus".

77. *Schönbrunn* (XIII.). Das österreichische Kaiserschloß kann auf eine ereignisreiche Geschichte zurückblicken. Schon um die Mitte des 16. Jahrhunderts wurde an dieser Stelle eine ehemalige alte Mühle des Stiftes Klosterneu-

burg zu einem Herrenhaus umgestaltet. Kaiser Maximilian II. erwarb die sogenannte Katterburg, die Vorläuferin Schönbrunns, die von ihm und seinen Nachfolgern zu einem Jagdschloß ausgebaut wurde. Auch ein Park und eine kleine Menagerie wurden dort angelegt. Die wildreiche Gegend war ein Lieblingsaufenthalt des Kaisers Matthias, der während einer Jagd das klare Wasser einer Quelle entdeckte und sie „Schöner Brunnen" benannte. Der Name der Quelle, die noch heute vorhanden ist, ging auf das Schloß über. Während der Türkenbelagerung wurden Gebäude und Anlagen zerstört. Als nach der Vertreibung der Türken in Wien der Aufschwung des Barockzeitalters einsetzte, ließ Kaiser Leopold I. nach dem Vorbild von Versailles durch J. B. Fischer v. Erlach ein neues Schloß errichten und das Waldgelände in einen französischen Park umwandeln. Der Bau des veränderten Schlosses wurde nach einem Entwurf Fischers 1696 begonnen und 1700 beendet. Es hat eine 180 m lange Front und zeigt bereits Merkmale des österreichischen Spätbarock. Der frühe Tod Josef I. und die durch Kriege erschöpfte Staatskasse verhinderten die Fertigstellung. Unter seinem Nachfolger Karl VI. wurden 1737 durch den jüngeren Fischer v. Erlach die Flügel ausgebaut und die Giebel errichtet. Mit Maria Theresia begann eine neue Glanzzeit. Die Kaiserin hatte eine besondere Vorliebe für das Schloß und ließ es 1744 bis 1750 von Nikolaus Pacassi außen und innen umgestalten. Erst durch diesen großzügigen Umbau erhielt das Gebäude seine feingegliederte, charakteristische Fassade mit Freitreppen und Steildächern. Auch der prächtige Park mit seinen Zierbauten verdankt Maria Theresia seine heutige Gestalt. Zu ihrer Zeit entstanden ferner die Menagerie, der älteste Tierpark Europas, der botanische Garten, die Ausstattung der Schloßkapelle und das intime Schloßtheater, das gegenwärtig als Reinhardt-Seminar geführt wird, die Gloriette, die Römische Ruine und der Obelisk. Eine Sehenswürdigkeit aus neuerer Zeit ist das 1880 erbaute Palmenhaus, das als größtes Glashaus Europas gilt. Schönbrunn war der Schauplatz wichtiger Staatsaktionen und glänzender Festlichkeiten. Hier spielte das Wunderkind Mozart vor der Kaiserin und feierte Josef II. seine Vermählung. Hier residierte Napoleon und schloß 1809 den Frieden von Schönbrunn. Hier lebte und starb sein Sohn, der Herzog von Reichstadt und König von Rom. Anläßlich der Weltausstellung von 1873 beherbergte es fast alle europäischen Herrscher. Das letzte feierliche Ereignis war

1908 das 60jährige Regierungsjubiläum Franz Josephs, zu dem sich die deutschen Bundesfürsten versammelten. Acht Jahre später ist der Kaiser, der in Schönbrunn geboren wurde und dessen Lieblingsaufenthalt das Schloß war, dort gestorben. 1918 ist Schönbrunn in den Besitz des Staates übergegangen. Die Schauräume, die Wagenburg, das Palmenhaus und der Tiergarten sind dem Publikum zugänglich und vermitteln ein eindrucksvolles Bild aus Österreichs Vergangenheit.

78. *Schönbrunn, Schloßpark.* Nach den Verwüstungen des Türkenjahres 1683 wurde der Schoßpark von dem Gartenarchitekten Jean Trehet wiederhergestellt. Die gegenwärtige Anlage stammt aus der Zeit Maria Theresias, die den früheren barocken Park seit 1753 durch den holländischen Gärtner Adrian van Stekhoven, später durch Ferdinand v. Hohenberg in einer naturnäheren Art umgestalten ließ. Die Terrainerhebung zu der silhouettenhaft wirkenden Gloriette wurde in ihrer natürlichen Form belassen. Das Parterre ist durch die breite Anlage des Neptunbrunnens mit dem Aussichtshügel verbunden. In den Nischen der seitlichen wandartig beschnittenen Baumhecken stehen frühklassizistische Marmorstatuen aus der antiken Mythologie. An den Schnittpunkten der Alleen befinden sich zwei schöne Najadenbrunnen. Eine aus echten Fundstücken zusammengestellte römische Ruine fügt sich malerisch in die Anlage. Der reizvolle Park ist ein Lieblingaufenthalt der Wiener.

79. *Schönbrunn, Gloriette.* Auf der dem Schloß gegenüberliegenden Anhöhe, wo sich ursprünglich das Hauptgebäude erheben und weitläufige Terrassenanlagen bis zum Platz des jetzigen Schlosses herabführen sollten, wurde nach einem Entwurf Ferdinand v. Hohenbergs 1775 im klassizistischen Stil die Gloriette als Aussichtsanlage erbaut. Der offene, einfache Hallenbau gibt durch seine Silhouettenwirkung dem Schloßpark einen unvergleichlichen Abschluß. Aus dem Mitteltrakt der von Säulen durchbrochenen Bogenhalle führt eine Treppe zur Plattform, die den Blick auf die Parkanlage und auf die Berge des Wiener Beckens eröffnet. Hohenberg ist auch der Schöpfer anderer Denkmäler des Wiener Klassizismus. In Schönbrunn errichtete er die Römische Ruine und den Obelisken, auf dem in ägyptischen Hieroglyphen Ereignisse aus der Geschichte des Hauses Habsburg festgehalten sind.

80/81. *Schönbrunn, Innenräume.* Die zahlreichen Gemächer, Säle und Schauräume des Schlosses Schönbrunn wurden zur Zeit Maria Theresias nach den Entwürfen von Nikolaus Pacassi und anderer Architekten im Rokokostil prachtvoll ausgestattet. Auf die künstlerische und handwerkliche Vollendung der größtenteils noch vorhandenen Originalausstattung, der Wandtäfelungen, Stuckdecken, Fußböden, Kristalluster, Möbel und Öfen wurde besonderer Wert gelegt. An Stelle des quer durch den Mittelteil geführten ehemaligen Hauptsaales Fischers v. Erlach schuf Pacassi zwei parallele Galerien, die große und die kleine Galerie, die durch offene Arkaden miteinander verbunden sind. Ihre einfache Wanddekoration steht im Gegensatz zu den prunkvollen allegorischen Deckenfresken von Gregorio Guglielmi. Im chinesischen Rundkabinett mit seiner kostbaren Vieux-laque-Vertäfelung hielt die Kaiserin ihre geheimen Staatskonferenzen mit dem Fürsten Kaunitz ab. Sehenswerte Räume sind das Napoleonzimmer mit Brüsseler Wandteppichen, der blaue chinesische Salon mit gemalten chinesischen Tapeten, das Porzellanzimmer mit Chinoiserien, der Gobelinsaal, der Zeremoniensaal, das Spiegelzimmer u. v. a. Besonders glanzvoll ausgestattet ist das Feketinzimmer, mit chinesischen Rosenhölzern getäfelt, in die Rokokoornamente mit indisch-persischen Miniaturen eingesetzt sind. Im Volksmund heißt es wegen seines hohen Wertes das Millionenzimmer. Schloß Schönbrunn enthält mit seinen Nebengebäuden 1441 Gemächer und 139 Küchen. Die Abbildungen zeigen die 43 m lange große Galerie und eine Kaminecke.

82. *Kunsthistorisches Museum. Alte Musikinstrumente* (I., Neue Hofburg, Corps de Logis). Eine Ahnengalerie des modernen Orchesters bietet die ungefähr 360 Stück umfassende Sammlung historischer Musikinstrumente in der Neuen Hofburg, eine der kostbarsten ihrer Art. Die Sammlung entstand 1916 aus der Vereinigung der Kunstkammer Erzherzogs Ferdinand II. von Tirol, Ende des 16. Jahrhunderts, und der Bestände der Marchesi Obizzi aus dem 17. Jahrhundert. Neben orientalischen und Musikinstrumenten des Volkes, die schon zur Zeit der Renaissance als Merkwürdigkeiten galten, wie die riesige „Baß-Lautencister" oder die „Tartölten" genannten Drachenschalmeien finden sich hier vor allem kunstvoll ausgeführte Erzeugnisse des 16. und 17. Jahrhunderts, ebenso erhält man einen Überblick über den Instrumentenbau seit dem 18. Jahrhundert bis zur Gegenwart. In den Vitrinen ruhen alte Streich- und verschollene Blasinstrumente, es finden sich Klaviere, Lauten und Gitarren, Gamben und Violinen, Zinken, Pommern, Krummhörner, Rackette, Dulziane und Sordunen sowie Blockflöten verschiedenster Größe. Neuere Instrumente und wertvolle Erinnerungsstücke schließen sich an, wie der Hammerflügel aus dem Besitze von Clara und Robert Schumann und Johannes Brahms, das Tafelklavier, auf dem Schubert spielte und Beethovens Erardflügel aus dem Jahre 1803. Zu den Kostbarkeiten der Sammlung gehören die Estensische Lira da braccio vom Jahre 1511, die wundervoll geschnitzte und bemalte Cister aus dem Jahre 1574, die in Schildplatt ausgeführte Geige der Kaiserin Maria Theresia mit einem Steg aus Elfenbein sowie ein Glockenklavier Ferdinands von Tirol. Es werden die Entwicklungsstufen des Klaviers vom Cembalo, Spinett und Clavichord und alle Gattungen von Zupf-, Streich- und Blasinstrumenten gezeigt. Die Wände sind mit Tapisserien aus der berühmten Wiener Gobelinsammlung geschmückt.

83. *Die Krone des Römisch-Deutschen Reiches* (I., Hofburg, Schweizerhof, Säulenstiege). Die Krone des Heiligen Römischen Reiches, die fast durch ein Jahrtausend das sichtbare Zeichen der höchsten weltlichen Macht Europas und ein Symbol unumschränkter Souveränität war, wurde in ihrer ursprünglichen Gestalt wahrscheinlich im Jahre 962 für die Kaiserkrönung Ottos des Großen in einer deutschen Goldschmiedewerkstatt zu Reichenau am Bodensee verfertigt und seither für die Krönung der Herrscher des Heiligen Römischen Reiches verwendet. Aus der Zeit Konrads II. stammt das monumentale Kreuz an der Stirnplatte und der Hochbügel der goldenen mit Edelsteinen und Perlen reich geschmückten Krone. Sie ist das Hauptstück der Reichskleinodien, die den einzigen nahezu unversehrt gebliebenen Kronschatz des Mittelalters darstellen. Ursprünglich wurden sie von Herrscher zu Herrscher weitergegeben, die sie auf ihren Zügen mitführten oder in ihrer Residenz aufbewahrten. 1424 überantwortete Kaiser Sigismund sie der freien Stadt Nürnberg zur ständigen Verwahrung. Die höchsten Magistratsbeamten mußten sie zu den Krönungsfeierlichkeiten bringen und nachher wieder zurückschaffen. Als Nürnberg 1796 von den Franzosen angegriffen wurde, wurden sie im Auftrage Franz I. in der Wiener Hofburg, dem Sitz des letzten römischen Kaisers deutscher Nation, hinterlegt. In der Wiener Schatzkammer verblieben die Insignien und Kleinodien, auch nachdem Franz I. 1806 die römisch-deutsche Kaiserwürde niedergelegt hatte, mit Ausnahme der Zeit von 1938 bis 1945.

84. *Die Rudolfinische Kaiserkrone* (I., Hofburg, Schweizerhof, Säulenstiege). Da die Herrscher seit 1424 nur zu ihrer Krönung die Reichskrone aus Nürnberg erhielten, mußten sie sich bei allen anderen Anlässen eines Privatornates bedienen. Diesem Umstand verdankt auch die Krone Rudolfs II. ihre Entstehung. Sie ist ein Werk der kaiserlichen Hofwerkstatt in Prag aus dem Jahre 1602. Die prunkvolle, edelgeformte, mit erlesenen Juwelen und durchscheinendem Goldschmelz reich gezierte „Hauskrone" vereinte die drei Würden Rudolfs II., der römisch-deutscher Kaiser, König von Böhmen und König von Ungarn war. Sie soll 700.000 Taler gekostet haben. Später trugen sie die Habsburger u. a. auch anläßlich der bereits zu ihren Lebzeiten erfolgten Königskrönung ihres Nachfolgers. Als Kaiser Franz II. im Jahre 1804 seine Erblande im Kaisertum Österreich zusammenfaßte und das neue Reich proklamierte, erhob er die Krone zum Staatssymbol. Die Reichskrone wie die Österreichische Kaiserkrone werden zusammen mit anderen Kostbarkeiten in der Weltlichen Schatzkammer der Neuen Hofburg als deren berühmteste Schaustücke aufbewahrt.

85. *Der Imperialwagen des Wiener Hofes* (XIII., Schloß Schönbrunn). Die Sammlung historischer Prunk- und Gebrauchswagen des Kunsthistorischen Museum in Schönbrunn ist mit 126 Fahrzeugen und Hunderten von Schabracken, Reit- und Fahrgeschirren sowie von Kostümen die umfangreichste ihrer Art. Aus der Wagenburg des Wiener Kaiserhofes hervorgegangen, läßt die Spezialsammlung die kunsthandwerkliche und technische Entwicklung des Wagenbaus von 1690 bis 1918 verfolgen. Unter den Prunkstücken, zu denen u. a. der Karussellwagen Maria Theresias, der Mailänder Krönungswagen Napoleons und die Kinderkutsche seines Sohnes, des Königs von Rom, gehörten, nimmt der Wiener Imperialwagen, ein Meisterwerk heimischer Handwerkskunst, eine besondere Stellung ein. Der Wagenkasten aus Rüsterholz zeigt reiches Schnitzwerk. Die farbenprächtigen Kastenbilder schuf der Wiener Maler Franz X. Wagenschön. Der Prunkwagen ist noch mit Lederriemen gefedert. Von acht edlen Schimmeln in goldgesticktem Samtgeschirr gezogen, repräsentiert diese 4200 kg schwere vergoldete Karosse eine Glanzzeit der Monarchie, die zur Zeit der Erbauung des Wagens von Siebenbürgen bis zu den Niederlanden reichte. Als „Kaiserwagen" fand er bei den wichtigsten Haus-, Hof- und Staatsaktionen Verwendung. Die Mitglieder des Kaiserhauses benützten ihn anläßlich der Erbhuldigungen, bei prunkvollen Auffahrten zu Krönungen und bei feierlichen Hochzeitsfahrten, wie zuletzt Kronprinz Rudolf bei seiner Vermählung. Karl I. war der letzte Monarch, der 1916 diese Prachtkutsche gelegentlich seiner Krönung zum König von Ungarn verwendete. Bei einem Bombenangriff auf Wien wurde der Imperialwagen schwer beschädigt und mußte restauriert werden.

86. *Künstlerhaus* (I., Karlsplatz 5). Im Jahre 1861 entstand die Genossenschaft „der bildenden Künstler Wiens". Der Wunsch nach einem zeitgemäßen Ausstellungshaus wurde 1868 durch den Bau am Karlsplatz verwirklicht. Nach den Erweiterungsbauten, durch die das Haus seine heutige Gestalt erhielt, wurde unter der Präsidentschaft Hans Makarts die erste internationale Kunstausstellung eröffnet. Werke namhafter Künstler des Auslandes wurden hier zum erstenmal gezeigt. Alle repräsentativen Bauten, Plastiken und Bilder, Denkmäler aus Erz und Stein aus der Zeit der Stadterweiterung sind Werke von Mitgliedern des Künstlerhauses, das die Bedeutung der Kunststadt Wien hob. Der letzte Weltkrieg wirkte sich auf das Kunstleben nachteilig aus. Seit 1945 hat die Gesellschaft bildender Künstler ihr Haus wieder zu einer Pflegestätte der Kunst gemacht. Die Veranstaltungen zeichnen sich durch Vielfalt der Themen ihres künstlerischen und kulturellen Programms aus.

87. *Das Musikvereinsgebäude* (I., Bösendorferstraße 12). Das in antikisierender Renaissance von Theophil Hansen 1869 vollendete neue Musikvereinsgebäude wurde ein Zentrum des österreichischen Musiklebens. Es ist das Heim der Wiener Philharmoniker und den Wienern besonders teuer. In seinen Sälen brachte diese weltberühmte Orchestervereinigung alle klassischen Werke zu Gehör, von denen ein beträchtlicher Teil in Wien entstanden ist. Der große Musikvereinssaal, der in roten und goldenen Farbtönen prangt, verbindet mit seinem Deckengemälde, das Apollo und die neun Musen darstellt, prunkvolle Wirkung mit weihevoller Stimmung und strahlt festlichen Glanz aus. Er faßt 2000 Personen und bildet vor allem den Rahmen für große Orchester- und Choraufführungen. Der mittlere, der Brahms-Saal, in Weiß und Gold gehalten, eignet sich besonders für kleinere Darbietungen, vorzüglich für Kammermusik. Ähnlichen Zwecken dient der „Kammersaal". Großer Saal und Brahms-Saal haben eine ruhmvolle Vergangenheit. Bruckner und Brahms dirigierten und spielten im Musikvereinsgebäude, Johann Strauß schuf seinen Walzer „Freut euch des Lebens" für den ersten Festball, Franz Liszt leitete hier die Aufführung seiner Graner Messe. Die Werke zahlreicher Komponisten erklangen in selbstener Vollendung und fast alle großen Dirigenten des ausgehenden 19. und 20. Jahrhunderts konzertierten hier. Die im Jahre 1812 gegründete Gesellschaft der Musikfreunde, der das Haus gehört, besitzt in ihrem Archiv eine reiche Sammlung von Instrumenten, Noten, Handschriften und Bildnissen sowie eine große musikalische Bibliothek. Die Musik-Autographensammlung enthält Stücke aus vier Jahrhunderten. Zu den wertvollsten gehören die Partitur der Eroica mit der von Beethoven eigenhändig ausradierten Widmung an Napoleon, zwei Bände mit Streichquartetten von Joseph Haydn, Schuberts „Unvollendete", Mozarts Symphonie in G-moll und das „Deutsche Requiem" von Brahms.

88. *Großer Saal des Musikvereins.* Im großen Musikvereinssaal konzertieren die Wiener Philharmoniker und die Wiener Symphoniker. Die Eigenart und Stärke der W i e n e r P h i l h a r m o n i k e r, einer Vereinigung von Berufsmusikern, die dem Wiener Staatsopernorchester angehören, liegt vor allem darin, daß die Künstler in der musikalischen Tradition dieser Stadt wurzeln. Der Weg des 1842 von Hofkapellmeister Otto Nicolai gegründeten Orchesters zu seiner Weltgeltung war nicht leicht. Erst als Hofkapellmeister Otto Dessoff 1860 die Leitung übernahm, erhielt die Tätigkeit der Wiener Philharmoniker eine verläßliche wirtschaftliche Grundlage. Der Redoutensaal und später das Kärntnerthor-Theater waren bald zu klein, um dem Andrang des Konzertpublikums zu genügen. Die Künstler zogen in das von der Gesellschaft der Wiener Musikfreunde erbaute Haus, in dem sie noch heute alljährlich ihre acht Konzerte mit vorangehender öffentlicher Generalprobe sowie das „Nicolai-Konzert" zu Ehren ihres Gründers geben. Jeder einzelne Instrumentalist dieses einzigartigen Orchesters ist ein Meister. Neben ihrer Orchestertätigkeit wirken die Musiker vielfach auch als anerkannte Solisten, schließen sich zu Kammermusikvereinigungen zusammen und geben ihr großes Können als Lehrer weiter. Wien hat viele Heroen der Tonkunst angezogen. Mozart und Haydn lebten hier, Schubert und Strauß waren Wiener, Beethoven und Brahms ließ die Stadt nicht mehr los. Alle ihre Werke werden von den Philharmonikern in vollendeter Weise aufgeführt. Mancher bedeutende Dirigent, Musiker und Komponist gehörte dem Orchester an, wie Hans Richter, Arthur Nikisch, Franz Schmidt, Arnold Rosé, Richard Odnoposoff und Wolfgang Schneiderhan. Auslandsreisen sicherten dem Orchester Weltruf. Gustav Mahler, Eduard Kremser und Richard v. Perger leiteten 1900 in Paris zur Zeit der Weltausstellung fünf erfolggekrönte Konzerte. Sechs Jahre später feierte das Orchester unter Franz Schalk bei seinem ersten Besuch in London einen Triumph. Weite Reisen unternahmen sie mit Felix v. Weingartner und mit Richard Strauß. In der Zeit von 1933 bis 1938 wurden viele Konzerte mit Arturo Toscanini im In- und Ausland gegeben. Seit 1947 absolvierten die Wiener Philharmoniker jedes Jahr eine längere oder kürzere Tournee in zahlreichen europäischen Staaten, in Nord- und Südamerika, Ägypten und Japan, wobei Böhm, Furtwängler, Hindemith, Knappertsbusch, Krauss und Kubelik dirigierten. Das Wiener Staatsopernorchester besteht aus Wiener Philharmonikern. Ihre hervorragenden Vertreter sind an der Akademie für Musik und darstellende Kunst als Professoren tätig, die Wiener Hofmusikkapelle besteht nur aus ihren Mitgliedern. So tragen die Wiener Philharmoniker zum Ruhm der Musikstadt Wien und Österreichs bei.

Neben den Philharmonikern wirken die S y m p h o n i k e r und repräsentieren gleich diesen in der Pflege klassischer und vor allem moderner Musik hohe Orchesterkultur. Sie blicken auf eine mehr als 50jährige Geschichte zurück und haben im Verlaufe ihrer Tätigkeit internationalen Rang erworben. Die Symphoniker sind aus dem Zusammenschluß mehrerer Orchester entstanden, die zahlreiche populäre Konzerte veranstalteten und das Wiener Musikleben befruchteten. Auch im Ausland erzielten sie unter bedeutenden Dirigenten wie neuerdings Herbert v. Karajan große Erfolge. Nach dem zweiten Weltkrieg setzte das Orchester seine Tätigkeit fort und wird in seiner Arbeit von der Gemeinde Wien gefördert. Festliche Aufführungen, Auslandstourneen, regelmäßige Abonnementkonzerte im Musikvereins- und Konzerthausgebäude bekunden das hohe künstlerische Niveau der Wiener Symphoniker und ihre Bedeutung für die österreichische Musik.

89. *Grillparzers Wohn- und Sterbezimmer* (I., Spiegelgasse 21). In einem der alten Häuser der Inneren Stadt verbrachte Franz Grillparzer im gemeinsamen Haushalt mit den drei unverheiratet gebliebenen, kunstsinnigen Schwestern Fröhlich die beiden letzten Jahrzehnte seines Lebens. Kathi Fröhlich und ihre Schwestern umgaben ihn stets mit aller Fürsorge und stellten auch die Verbindung mit der Außenwelt her, als der greise Dichter das Zimmer nur noch selten verließ. In seinem Schreibtisch verschloß Grillparzer die dramatischen Werke seiner letzten Schaffenszeit, die er nach seinem

Tode vernichten lassen wollte. Erst in seinem Nachlaß wurden sie gefunden. In der Musik suchte der Meister der Sprache Erholung, das Klavier bot ihm stets neue geistige Anregung. In seinem Alter erfuhr Grillparzer zahlreiche Ehrungen. Er wurde in das österreichische Herrenhaus, die höchste politische Körperschaft der alten Monarchie, gewählt, nachdem ihm schon früher die Mitgliedschaft der Österreichischen Akademie der Wissenschaften verliehen worden war. Das Bild zeigt ein Gemälde von Franz v. Alt.

90. *Mozartgedenkstätte in der Schulerstraße* (I., Domgasse 5). Eine Gedenktafel am Hause Schulerstraße 8 erinnert daran, daß Mozart hier von 1784 bis 1787 gewohnt und seine Oper „Die Hochzeit des Figaro" komponiert hat. Er stand damals auf der Höhe seines Schaffens und war auch materiell gut gestellt, was in seinem Leben selten der Fall war. Mozarts Textbuch zum „Figaro" war eine Fortsetzung der Handlung des Stückes von Beaumarchais, das wegen seiner revolutionären Tendenz verboten wurde. Die Oper ging aber jeder politischen Andeutung aus dem Weg, so daß der Kaiser schließlich die Erlaubnis zur Aufführung des Werkes gab, das einen beispiellosen Erfolg errang. Die Wohnung in der Schulerstraße, in der ihn Ludwig van Beethoven besuchte und Joseph Haydn oft zu Gast war, mag für damalige Zeiten recht stattlich gewesen sein, Mozart mußte 460 Gulden Miete zahlen. Bemerkenswert ist, daß der unstete Meister in diesem Haus mehr als zwei Jahre ausgehalten hat.

91/92. *Beethovenhaus in Heiligenstadt.* (XIX., Pfarrplatz 2). Der Heiligenstädter Pfarrplatz hat das behagliche Bild eines ländlichen stillen Dorfplatzes unberührt bewahrt. Auf dem Platz steht die älteste Kirche des Ortes, die seit dem 13. Jahrhundert urkundlich erwähnte St. Jakobskirche. In dem alten Weinhauerhaus mit dem hl. Florian wohnte Beethoven, der den Sommer gern in Heiligenstadt verbrachte, im Jahre 1817. Das Haus hat einen schönen Hof, wie er für die Weinhauerdörfer in der Umgebung Wiens charakteristisch ist. Beethoven hat im Verlaufe seines Lebens in vielen Wiener Häusern gewohnt. Zeitweise hatte er sogar mehrere Wohnungen zugleich. Noch ein zweites Haus in Heiligenstadt spielt in Beethovens Leben eine wichtige Rolle. Im Jahre 1802 verfaßte er im Hause Probusgasse 6 das erschütternde „Heiligenstädter Testament". Damals durchlebte Beethoven durch seine beginnende Taubheit eine innere Krise. Das „Heiligenstädter Testament" verdient diesen Namen kaum, denn Beethoven starb erst 25 Jahre später. Es ist vielmehr ein Vermächtnis an die Menschheit, das er auf diese Art mitteilte. Die Landschaft, besonders der Weg entlang dem Heiligenstädter Bächlein, hat Beethoven zur Pastoralsymphonie inspiriert. Er selbst gedachte dieses schönen Stückes Natur mit den Worten: „Hier habe ich die Szene am Bach geschrieben und die Goldammer da oben, die Wachteln, Nachtigallen und Kuckucke haben mitkomponiert."

93. *Schuberts Geburtshaus* (IX., Nußdorfer Straße 54). Franz Schubert war das zwölfte unter vierzehn Geschwistern, von denen aber nur fünf am Leben blieben. Der malerische Hof des engen, einstöckigen Hauses am einstigen Himmelpfortgrund und der winzige Garten mit der Laube waren vier Jahre lang der Spielplatz des kleinen Franzl. Schon als Kind liebte Schubert die Geselligkeit und wurde später Mittelpunkt eines ausgedehnten Freundeskreises, auf den die Kenntnis und Würdigung seines Werkes hauptsächlich beschränkt blieb. Sein Elternhaus ist noch heute in der ursprünglichen Gestalt erhalten. Die Wohnung im ersten Stock wurde zu einem Museum umgewandelt, das wertvolle Erinnerungsstücke birgt. Im Hof des Hauses steht ein Zierbrunnen, „Die Forelle", der an das berühmte Quintett erinnert.

94. *Die Wiener Sängerknaben.* Da es früher keine Frauenstimmen im Kirchenchor gab, sangen Novizen die Diskant- und Altstimme der Messe. Die Tradition der Wiener Sängerknaben umfaßt einen Zeitraum von mehr als 450 Jahren. Ihre Geschichte geht auf das Jahr 1498 zurück, in dem Maximilian I. den Hofkaplan Georg Slatkonia beauftragte, seiner Hofkapelle einen Chor anzugliedern. Unter seinem Einfluß entwickelte sich die Kantorei von St. Stephan, in der Knaben der dortigen Bürgerschule im Singen unterrichtet wurden, zu einem selbständigen Konvikt. Seit dem Anfang des 16. Jahrhunderts versahen stimmbegabte Knaben aus allen Kronländern des Reiches den Dienst in der kaiserlichen Hofkapelle. Zuerst war es nur ein Chor von Sängern, in der Folge kamen auch „Zinkbläser" hinzu. Zur Aufführung gelangten hauptsächlich die alten italienischen, französischen und niederländischen Meister. Die Sängerknaben erhielten eine gründliche musikalische Ausbildung, für ihre Erziehung sorgten Mitglieder des Jesuitenordens, später die Piaristen. Aus ihnen gingen viele bedeutende Musiker hervor, darunter Joseph Haydn und Franz Schubert, dessen erste Kompositionsversuche im Konvikt entstanden. Ihren Höhepunkt erreichte die In-

stitution in der Zeit der klassischen Musik. Nach dem Zusammenbruch der Monarchie ruhte sie einige Jahre, erstand aber 1924 wieder. Die Wiener Sängerknaben wurden früher vom Kaiserhof erhalten und mußten sich die erforderlichen Mittel nunmehr durch Konzertreisen beschaffen. Die erlesenen Darbietungen reichen von der kunstvollen vielstimmigen Motette bis zum Volkslied. Auch kleine Opern werden aufgeführt. Nach dem zweiten Weltkrieg haben sie sich im Augartenpalais ein Heim geschaffen. Die reinen, schönen Stimmen der Knaben erfreuen Sonntags die Besucher der Wiener Burgkapelle. Nur die besten werden nach strenger Auslese in die drei Chöre aufgenommen, von denen jeweils einer den Verpflichtungen in der Heimatstadt nachkommt, während die beiden anderen als Sendboten der Wiener Musikkultur die Welt bereisen. Fast die Hälfte des Jahres sind die Knaben auf Reisen, die übrige Zeit ist dem Unterricht gewidmet. Wenn der Stimmwechsel eintritt, gehen die kleinen Künstler nicht wie einst Joseph Haydn, einer ungewissen Zukunft entgegen. Im Josefsstöckl ist das Haus der Mutanten, in dem 50 ehemalige Sängerknaben ihrer Berufsausbildung nachgehen.

95. *Ball der Philharmoniker.* Der große Musikvereinssal erstrahlt in festlichem Glanz. Der Ball der Philharmoniker vereinigt die Wiener Gesellschaft, Walzerklänge ertönen und bald wiegen sich die Tanzpaare im Rhythmus des Dreivierteltaktes. Johann Strauß hat bei den Philharmonikern einen Ehrenplatz. Ihre der ernsten Muse geweihte Kunst begrüßt das junge Jahr mit den frohen Weisen der Walzerdynastie Strauß.

96. *Sommerhaus der Familie Strauß* (XIX., Am Dreimarkstein 13). Salmannsdorf, an den Hängen der Weinberge liegend, war einst ein beliebter Sommeraufenthalt der Wiener. Das kleine Haus, das sich an die ansteigende Straße schmiegt, wurde durch mehrere Jahre von der Familie Strauß im Sommer benützt. In der ländlichen Ungebundenheit, von väterlicher Autorität nicht beengt, konnte der Sechsjährige ungehindert auf einem alten Tafelklavier die Melodien, die ihm durch den Kopf gingen, zusammensuchen. Einer dieser Versuche ist uns, von der Hand der Mutter liebevoll aufgezeichnet, als „Erster Gedanke" überliefert.

97/98. *Modeschule der Stadt Wien* (XII., Hetzendorferstraße 72). Das Schloß Hetzendorf wurde um 1694 von einem unbekannten Baumeister errichtet und 1712 von Hildebrandt umgestaltet. 1750 wurde es auf Befehl Maria Theresias von dem Hofarchitekten Nikolaus

Pacassi vergrößert und für die Mutter der Kaiserin zum Witwensitz bestimmt. Nach neuerlicher Erweiterung diente es Josef II. in seinen letzten Regierungsjahren zeitweilig als Residenz. Im Revolutionsjahr 1848 befand sich bei der Belagerung Wiens das Hauptquartier des Fürsten Windischgrätz darin. Das Schloß lehnt sich in Bau, Anlage und Dekoration an Schönbrunn an. In der Innenausstattung, die u. a. Stuckreliefs, Wand- und Deckenfresken von Daniel Gran aufweist, hat sich der Rokokostil besser erhalten. Nach dem letzten Krieg wurde in das schöne Gartenschloß die Modeschule der Stadt Wien verlegt, eine moderne Schule mit hohen künstlerischen Zielen. In den Schauräumen des ersten Stockes befindet sich die Modesammlung, eine Abteilung des Historischen Museums der Stadt Wien.

99. *Wiener Kunsthandwerk.* Das Wiener Kunsthandwerk kann auf eine alte Tradition zurückblicken, die trotz des Stilwandels auf vielen Gebieten wirksam geblieben ist. Schon im 18. Jahrhundert blühten in Wien die Kunsttischlerei, die Edelschmiedekunst und die Porzellanfabrikation, im Laufe des 19. Jahrhunderts gelangten die Silber-, Bronze- und Lederwarenerzeugung, der Stoffdruck, die Glas- und Emailmalerei zu besonderer Bedeutung. Die Edelgläser einer 1823 gegründeten Firma genießen noch heute Weltruf. Die nach der Jahrhundertwende einsetzende Reform des österreichischen Kunsthandwerks bewirkte eine Änderung der Formgebung im zeitgemäßen Sinn und brachte auch mancherlei technische Bereicherungen. Namentlich in der von Josef Hoffmann und Kolo Moser ins Leben gerufenen „Wiener Werkstätte" wurden 1903 bis 1932 zahlreiche kunstgewerbliche Fertigkeiten erprobt und auf eine hohe Stufe entwickelt. Die Goldschmiedearbeiten und Elfenbeinschnitzereien, Spitzen und Stickereien, Stoffe, Lederwaren, Bucheinbände, Gläser und Keramiken, Möbel, Rahmen und Tapeten der „Wiener Werkstätte" beeinflußten durch lange Zeit auch das Kunstgewerbe des Auslands und brachten der Wiener Edelarbeit internationales Ansehen. Nach dem ersten Weltkrieg feierte die „Zierform" dank der dekorativen Phantasie Dagobert Peches Triumphe. 1921 wurde die „Wiener Gobelin-Manufaktur" begründet und 1924 lebte die „Wiener Porzellanmanufaktur Augarten" als Nachfolgerin der alten staatlichen Porzellanmanufaktur wieder auf. Seit Beginn der Zwanzigerjahre trat die von Adolf Loos und seinem Kreis propagierte „Zweckform" in steigendem Maß in ihre Rechte. Sie sollte den Begriff „Kunst" aus der handwerklichen Produktion ausschalten und sich lediglich mit den in Material und Ausführung einwandfreien zweckmäßigen Gegenständen des täglichen Gebrauches begnügen. Der Kampf zwischen den beiden Gestaltungsformen, von denen die eine die persönliche Note bevorzugt, die andere das Persönliche gegenüber dem Sachlichen ausschalten will, setzt sich noch heute fort. Das Wiener Kunstgewerbe wird auch weiterhin seine international anerkannte Eigenart bewahren.

100. *Auf die Wienerin.*

Heiter, ohne Schwere,
wo auf Erden wäre
jene stille Größe, die dich ehrt;
diese Leidensreine,
und im Glück dies feine
Lächeln, noch im Makel liebenswert?

Soviel Anmut lassen,
soviel Welt-Erfassen
dieser Landschaft Genien nicht im Stich:
Die den Strom bewohnen
und die Hügelkronen,
gute Göttlichkeiten schützen dich.

Dir, der ewig Jungen,
tief ins Blut gedrungen
ist der Kunst geheimnisvolles Reich.
Aufgelöst im Tanze,
zeigst du unsre ganze
Künstlergabe, warm und rhythmenweich,

die am Quell des Lebens
lebt und süßen Schwebens
noch den Alltag adelt mit Musik:
Leis mit Liebeshänden
lenkst du allerenden
mein und unser irdisches Geschick.

Lass' mich ruhig klagen!
Deine Augen sagen
mir den Sieg der Schönheit stolz voraus.
Ewig unverloren,
Stadt, die d i c h geboren,
und gesegnet bis ans letzte Haus!

Josef Weinheber.

101. *Ein Gugelhupf.* Der „Gugelhupf" ist ein Backwerk von kuppelartiger Form, das in der Mitte von oben nach unten eine trichterförmige Aushöhlung zeigt, die es ermöglicht, das Gebäck gleichmäßig durchzubacken und in Spalten zu schneiden. Außen braun gebacken und mit Zucker bestreut, leuchtet die Kuchenmasse innen goldgelb. Kaffee und Gugelhupf gehören in Wien zu jeder Geburtstagsfeier.

102. *Rundblick vom Hochhaus* (I., Herrengasse 6—8). Das vorletzte Stockwerk dieses Wohnhauses erschließt von der breiten Terrasse aus einen prächtigen Rundblick über Wien und seine Umgebung. Man erkennt die Struktur des Stadtbildes sowie den Entwicklungsprozeß in den sich abzeichnenden neuen Stadtteilen. Die schönen Türme und die historischen Gebäude im Zentrum werden sichtbar, dahinter scheinen die Berge des Wienerwaldes nahe herangerückt. An klaren Tagen sieht man bis zu den kleinen Karpathen und anderen Bergrücken, die das weit ausgedehnte Wiener Becken begrenzen. Bezaubernd ist auch die nächtliche Aussicht auf das lichtschimmernde Häusermeer.

103. *Wiener Gebäck.* Das Wiener Gebäck, das durch seine Mannigfaltigkeit bekannt ist, hat eine alte Tradition. Schon im Mittelalter wurde der Name „Kipfel" als Bezeichnung für ein Backwerk verwendet. Als der Prater dem Volke freigegeben wurde, bot man ein billiges Gebäck feil, das der Urahn des „Schusterlaberls" ist. Die „Semmel" soll erstmalig für die drei großen Feste in einem Kloster gebacken worden sein. Sie wurde so beliebt, daß man diesem populären Backwerk den Namen „Kaisersemmel" gab. Die Erfindung des „Salzstangerls" wird den privilegierten Salzkaufleuten zugesprochen, den am Salzgries wohnenden „Grieslern". Aus diesem Wort soll später der wienerische „Greißler" entstanden sein, die Bezeichnung für Kleinkaufleute, die Lebensmittel und Waren für den Haushalt verkaufen.

104. *Kaffeehausterrasse auf dem Hochhaus* (I., Herrengasse 6—8). Der etwa drei Jahrzehnte alte, 15 Stock hohe Stahl- und Eisenbetonbau ragt über die Höhe seiner Nachbarn hinaus. In den letzten drei Etagen befindet sich eine moderne Kaffeehausanlage. Zuoberst wölbt sich eine drehbare Kuppel. — Für das gesellschaftliche Leben Wiens ist das Kaffeehaus charakteristisch. Das Volk, das keine repräsentativen Wohnräume besaß, fand im Kaffeehaus einen Ersatz. Es stellte gewissermaßen einen Gesellschaftsraum der Bevölkerung dar. In Europa trank man Kaffee zuerst in Konstantinopel, in der Mitte des 17. Jahrhunderts in Rom, London und Paris. Wien erhielt im Türkenjahr 1683 sein erstes Kaffeehaus. Im 18. Jahrhundert entstanden immer mehr Kaffeehäuser. Neben Kaffee wurden auch andere Getränke ausgeschenkt. Bald kamen Zeitungen und Spiele hinzu, besonders Schach, Kartenspiele und Billard, das bereits 1706 in Wien bekannt ist. Nach zeitgenössischen Berichten wurde schon im 18. Jahrhundert in den Kaffeehäusern „studiert, gespielt, geplaudert, geschlafen, negoziiert, man kannegießerte, warb, intrigierte, schmiedete Komplotte, las Zeitungen und politisierte". Ausländische Reisende wunderten sich über den freien Ton, in dem an der Regierung Kritik geübt wurde. Zu einem Rückgang kam es in der Napoleonischen Zeit, als infolge der Kontinentalsperre kein Kaffee mehr eingeführt werden konnte. Nach dem Wiener Kongreß trat wieder ein Aufschwung ein, der unter Metternich die goldene Zeit des Wiener Kaffeehauses herbeiführte. Die bis dahin bescheidenen Lokale entwickelten sich im Vormärz zu Stätten des kulturellen und geistigen Lebens. Die verschiedenen Zirkel der Dichter, Künstler, Offiziere, Politiker, Handelsleute, Bürger, Spieler usw. hatten ihre Lieblingslokale. Jedes Kaffeehaus hat auch heute noch seine besondere Atmosphäre und sein Stammpublikum.

105. *Technisches Museum für Industrie und Gewerbe* (XIV., Mariahilfer Straße 212). Das Technische Museum wurde aus Anlaß des 60jährigen Regierungsjubiläums von Franz Joseph I. vom Staat und der Stadt Wien im Zusammenwirken mit einigen weitblickenden Männern gegründet und 1918 eröffnet. Zur Zeit haben die Sammlungen einen Umfang von mehr als 250.000 Stücken erreicht, die nicht allein den Fortschritt der technischen Entwicklung, sondern auch Österreichs Anteil daran zeigen. Im Hause befindet sich ferner eine Bibliothek sowie das Forschungsinstitut für die Geschichte der Technik.

106. *Das erste Benzinautomobil von Marcus* (Technisches Museum). In der Abteilung für Straßenfahrzeuge steht das erste 1875 fertiggestellte Benzinautomobil des Mechanikers Siegfried Marcus. Der liegende Einzylinder-Viertaktmotor hat einen Spritzbürstenvergaser und ist bereits mit einer elektrischen Zündung ausgestattet. Die Kraftübertragung erfolgt noch über einen Balancier und eine Schubstange auf die Kurbelwelle, ferner mit fünf Rundriemen auf die Hinterräder. Diese sind als Ersatz des Differentials mit Konusreibungskupplungen auf die Hinterradwelle angebracht. Das 75jährige Jubiläum des noch betriebsfähigen historischen Fahrzeuges, das den Ausgangspunkt für das Automobil bildet, wurde im Jahre 1950 durch eine Ausfahrt in den Straßen Wiens gefeiert.

107. *Gleitflugzeug von Lilienthal und „Etrich-Taube"* (Technisches Museum). In der großen Halle des Hauses hängen zwei Modelle aus der Pionierzeit des Flugwesens. Das Original-Gleitflugzeug Otto Lilienthals stammt aus dem

Jahre 1891, die von Ing. Igo Etrich entwickelte „Etrich-Taube" aus dem Jahre 1910. Dieses Eindeckerflugzeug wurde von dem Erfinder und dessen Werkmeister Karl Illner zu höchster Stabilität entwickelt. Es war für Schulzwecke besonders geeignet und diente u. a. zur Ausbildung von über 50 Piloten. Zuvor hatte Igo Etrich Versuche mit Nur-Flügel-Flugzeugen angestellt. Später schuf er ein neues Flugzeug, indem er die Tragfläche verlängerte und ihm einen Rumpf mit Höhen- und Seitenleitwerk anfügte. Von dem taubenschwanzförmigen Leitwerk stammt der Name. Mit dem Apparat führte Illner bereits 1910 die ersten Überlandflüge durch und stellte bei internationalen Flugmeetings zahlreiche Rekorde auf. Wegen seiner hervorragenden Eigenschaften wurde dieser Typ als Schulflugzeug bei der Heeresverwaltung verwendet und auch im ersten Weltkrieg als Kampfmittel eingesetzt. Der Typus der „Etrich-Taube" wurde wegen seiner Leistungsfähigkeit in das Erzeugungsprogramm verschiedener Flugzeugfabriken aufgenommen und weiter entwickelt. — Um 1899 befaßte sich der österreichische Flugpionier Wilhelm Kress mit der Großausführung des sogenannten Drachenfliegers, den er schon 1877 als Monoplan bezeichnet hatte. Sein Flugzeug war eigentlich ein Hydroplan, da es Schwimmer hatte. Der Konstrukteur kam bei einem Fahrtversuch beinahe ums Leben. Das Flugzeug wurde leider verschrottet. Das Technische Museum besitzt jedoch sein Baumodell.

108. *Schreibmaschine von Mitterhofer* (Technisches Museum). Eine der ältesten Schreibmaschinen wurde von dem Zimmermann Peter Mitterhofer aus Partschins in Tirol in den Jahren 1864 bis 1866 hergestellt. Die Konstruktion zeigt mit dem Typenhebelkorb, der mehrreihigen Tastatur, dem selbsttätigen Einfärben der Lettern und der Bewegung des Schreibblattes bereits alle Merkmale, die auch dem bald darauf in Amerika entwickelten Typ der Remington-Schreibmaschine eigen sind. Die von Mitterhofer erdachte Bauart ist somit für die Entwicklung der Schreibmaschinenindustrie von grundlegender Bedeutung.

109. *Nähmaschine von Madersperger* (Technisches Museum). Der im Jahre 1839 in Österreich hergestellte Nähapparat des Schneidermeisters Josef Madersperger, die sogenannte „Eiserne Hand", ist eine Erfindung von großer Tragweite für die ganze Welt und eine der hervorragendsten technischen Leistungen unseres Landes. Madersperger hat in seiner Ausführung erstmalig das Öhr in die Nadelspitze

verlegt und damit das Maschinnähen ermöglicht. Der Apparat wurde bei der Gedenkfeier anläßlich des 100. Geburtstages des Erfinders in Tätigkeit gesetzt. Madersperger starb im Armenhaus.

110. *Die Secession* (I., Friedrichstraße 12). Das von Josef Olbrich 1898 errichtete Gebäude bildet einen Markstein in der Baugeschichte Wiens. In bewußter Abkehr von den traditionellen Formen wurde ein Haus erbaut, das der sichtbare Ausdruck einer revolutionären Baugesinnung wurde. Die Secession ist ein klarer stereometrischer Körper mit einer Kuppel aus eisernen Lorbeerzweigen, in dem die Grundsätze, zeit-, zweck- und stoffgemäß zu bauen, konsequent durchgeführt wurden. Die Ausstellungen, die hier von einer Gruppe fortschrittlicher bildender Künstler veranstaltet wurden, hatten das Ziel, der landläufigen Kunst den Kampf anzusagen. Sie trugen zum Verständnis des modernen Kunstschaffens bei.

111. *Postsparkassenamt* (I., Georg-Coch-Platz 2). Das Postsparkassenamt ist ein Musterbeispiel für den neuen Geist in der Baukunst zu Beginn des 20. Jahrhunderts. In den Jahren 1904 bis 1906 von dem genialen Wiener Architekten Otto Wagner, dem Vorkämpfer einer modernen Baugesinnung, errichtet, änderte es die damals herrschende Auffassung von Stil und Kunst grundlegend. Zum ersten Male und entgegen der historischen Richtung zeigte ein Bauwerk nicht Nachahmungen von Architekturelementen vergangener Epochen, sondern ließ die Form aus dem Zweck wachsen. Kaiser Franz Joseph I. sagte bei der Eröffnung: „Merkwürdig, wie gut die Menschen da hineinpassen". Die ungegliederten Fassaden sind im Unterbau mit Granit-, im Aufbau mit Marmorplatten verkleidet. Auch die wohldurchdachte Innengliederung entspringt praktischen Bedürfnissen und läßt in der Gesamtanlage wie in der Einrichtung größte Zweckmäßigkeit erkennen. Bemerkenswert ist der durch ein Glasdach überdeckte Hof, der als Kassensaal dient. Das Postsparkassenamt war der erste nach modernen Grundsätzen geschaffene Zweckbau in Wien, der sich von überkommenen Fesseln freigemacht und auf jeden dekorativen Zusatz zugunsten der praktischen Raumgestaltung verzichtet hat. Von ihm führt ein direkter Weg über Adolf Loos und Oskar Strnad zu den sozialen und industriellen Zweckbauten des neuen Wien.

112. *Kirche am Steinhof* (XVI., Am Steinhof). Otto Wagner lebte und wirkte in einer Zeit, die bisher unbekannte Gestaltungsprobleme für den Architekten aufwarf. Er wurde 1841 geboren und sah als Kind noch die alte Stadt mit ihrem Mauergürtel, später die große Stadterweiterung. Wagner erkannte als erster aller deutschsprachigen Architekten, daß die technischen Grundlagen seiner Epoche und die neuen Probleme der sich entwickelnden Großstadt einen anderen baulichen Ausdruck erforderten, als ihn die bisher bekannten Stile ermöglichten. Er vertrat die damals revolutionäre Auffassung, daß der einzige Ausgangspunkt künstlerischen Schaffens das Leben dieser Zeit sein müsse. Obwohl im Ausland bereits geschätzt und geachtet, wurde er in seiner Heimatstadt stark angefeindet und oft mißverstanden. Neben seiner Tätigkeit als Architekt wirkte er auch als Pädagoge an der Akademie der bildenden Künste und trat durch ein Werk über moderne Baukunst publizistisch hervor.

Als Otto Wagner die Kirche am Steinhof begann, hatte er sich mit den Grundfragen des modernen Kirchenbaues sowohl theoretisch als praktisch bereits auseinandergesetzt. Er studierte neben Fragen der Gestaltung auch die Probleme zureichender Belüftung und Beheizung, der Beleuchtung und der akustischen Erfordernisse. So entstand eine moderne, stimmungsvolle Kirche, die im Laufe der Zeit zu einem Wahrzeichen des westlichen Wien geworden ist; von allen Höhen rings um die Stadt kann man ihre Kuppel leuchten sehen.

113. *Kinderübernahmsstelle der Stadt Wien* (IX., Lustkandlgasse 50). Im freundlichen Gartenhof der Kinderübernahmsstelle der Stadt Wien steht die „Große Mutter", das Werk Anton Hanaks, aus der Zeit der ersten Republik. Ein Symbol der Stadt, hält sie die Hände schützend um ihre Kinder, die von Schlangen bedroht werden, Symbole der vier dunklen Mächte der Großstadt: Wohnungselend, Volkskrankheiten, Prostitution und Kriminalität. Aufgabe der Kinderübernahmsstelle ist es, allen Kindern, die in die dauernde Fürsorge der Stadtverwaltung genommen werden, ein Heim zu bieten: Hier werden die Maßnahmen zu ihrer weiteren Betreuung und Fürsorge getroffen. Gegen 140.000 Wiener Kinder wurden seit der Eröffnung im Jahre 1925 durch sie versorgt, ein Zeugnis menschlicher Bereitschaft, Kinderelend zu verhüten und einen gesunden Nachwuchs aufzuziehen.

114. *Funkhaus* (IV., Argentinierstraße 30 a). Nach den Entwürfen Clemens Holzmeisters in den Jahren 1935 bis 1938 erbaut, repräsentiert das Funkhaus die Wiener Architektur am Ende der ersten Republik. Modern ausgestattete Senderäume und Einrichtungen bilden eine ausgedehnte Anlage. Bei der technischen Abwicklung des Studio- und Sendebetriebes sorgt ein automatisches Schaltsystem für die jeweils geforderte Zusammenschaltung von Verstärkern und Überwachungsgeräten. Die gewählten Tonwege werden durch Lichtsignale angezeigt. Der österreichische Rundfunk hat 1924 seinen Studiobetrieb aufgenommen. Im Verlauf der Kriegsereignisse wurde das Funkhaus beschädigt und die Sendeanlage auf dem Bisamberg zerstört. Ab 1945 erfolgte der Wiederaufbau. Die West-Ostausdehnung und die infolge des gebirgigen Charakters komplizierte Bodengestaltung Österreichs sind die Ursachen, daß alle Arten von Sendern, Mittelwelle-, zahlreiche Relais-Kleinsender, Drahtfunk und besonders der neue Ultrakurzwellenfunk zusammenwirken müssen, um den Empfang zu sichern.

115. *Werkbundsiedlung* (XIII., Jagdschloßgasse). Die Werkbundsiedlung wurde im Jahre 1932 erbaut, als im Auftrag der Stadt Wien der Versuch unternommen wurde, moderne Einfamilienhäuser zu errichten. Die Entwürfe stammen von bedeutenden österreichischen und ausländischen Architekten. Die Siedlung liegt in Hietzing am Rande des Wald- und Wiesengürtels, der Wien umgibt. In der Nähe befindet sich der Lainzer Tiergarten. In den Diskussionen über moderne Baukunst hat die Werkbundsiedlung eine wichtige Rolle gespielt. Der Kampf für und wider das Flachdach wurde hier entschieden. Die Siedlung ist noch heute ein wertvolles Studienobjekt für Fachleute.

116. *Städtische Wohnhausanlage Karl-Marx-Hof* (XIX., Heiligenstädter Straße 82—92). Der Karl-Marx-Hof ist eines der markantesten Bauwerke der Zeit zwischen den Weltkriegen. Sein Schicksal bei den Kämpfen im Februar 1934 ist bekannt. Von 1926 bis 1930 erbaut, bietet der ausgedehnte Wohnblock Raum für 1382 Familien und enthält soziale Einrichtungen, wie zwei Kindergärten, eine Schulzahnklinik, zwei Zentralwäschereien und zwei Zentralbadeanlagen, ein Postamt, ein Restaurant, Geschäftsläden und Ausstellungsräume. Weite Innenhöfe, große Kinderspielflächen, Ruheplätze und Balkonterrassen dienen einer gehobenen Wohnkultur. Die städtebauliche Lage dieses Großwohnhauses mit seiner über einen Kilometer langen Front ist sehr günstig. Nur 30% des Grundstückes sind verbaut. Der Karl-Marx-Hof bildet eine Vorstufe zum sozialen Städtebau der Zeit nach 1945.

117. *Städtische Wohnhausanlage Kapaunplatz* (XX., Engelsplatz-Kapaunplatz). Diese Großanlage wurde in zwei Bauabschnitten errichtet: in der ersten Republik (1930—1933) und nach dem Ende des zweiten Weltkrieges (1949—1952).

Die Anlage enthält neben ihren fast 2500 Wohnungen eine Reihe von Einrichtungen für das tägliche Leben, wie Klubräume, eine Mutterberatungsstelle, Geschäftslokale, Kinderspielplätze, ein Kinderfreibad, ein Zentralbad und eine Zentralwäscherei, eine Gaststätte u. a. und wurde 1951 durch den Bau des Fröbelkindergartens erweitert.

Der ausgedehnte Komplex bildet ein ganzes Stadtviertel für mehr als 8000 Menschen; er ist der größte im sozialen Wohnungsbau der Stadt Wien. Seine Architektur ist typisch für die Zeit seiner Entstehung: eine aufsteigende Klasse gibt ihrem Stolz in ihren Wohnbauten Ausdruck. 1934 fand der soziale Wohnungsbau der Stadt Wien seinen vorläufigen Abschluß. 64.000 billige, gesunde Volkswohnungen waren das Ergebnis.

118. *Arbeiterunfallkrankenhaus* (X., Am Wienerberg). Das Arbeiterunfallkrankenhaus am Wienerberg wurde erbaut, um die Behandlung der durch einen Unfall Verletzten durch Fachärzte nach den neuesten Methoden der Unfallchirurgie durchzuführen. Durch seine Einrichtungen soll die Arbeitsfähigkeit des Verletzten in möglichst kurzer Zeit wiederhergestellt werden. Das Krankenhaus verfügt über vier Operationssäle und einen modernen Turnsaal. Gymnastische Übungen finden womöglich im Freien statt. Alle gegen die Folgen eines Arbeitsunfalls versicherten Arbeiter, Angestellten und selbständig Erwerbstätigen werden in der Anstalt kostenlos behandelt.

119. *Westbahnhof* (XV., Neubaugürtel). Nach fast 90jährigem Bestand wurde im April 1945 der Wiener Westbahnhof zerstört. Auf Grund eines Wettbewerbes entstanden die Grundlagen für den neuen Entwurf. Die zentrale Lage und die Rücksicht auf den Verkehr bedingten eine Lösung, die es den Reisenden ermöglicht, den Bahnhof von allen Seiten zu betreten und zu verlassen. Die beherrschende Mittelhalle setzt sich in zwei die Gleisanlagen umschließenden Flügelbauten fort. Von hier aus kann durch einen Tunnel die Stadtbahn erreicht und der Gürtel überquert werden. Die obere, vier Meter über dem Straßengeschoß in Bahnsteighöhe befindliche Halle bildet den Kopfbahnsteig, von dem aus die sechs Zungenbahnsteige zwischen den Gleisen erreichbar sind. Wände und Säulen der Halle sind mit Marmor verkleidet. Gleichzeitig mit dem Bau des neuen Bahnhofs wurden auch die Gleis-, die Sicherungs-, Fernmelde- und Lokbehandlungsanlagen modernisiert.

120. *Einsteinhof* (VI., Mollardgasse 30—32). Da die Grundbeschaffung auf immer größere Schwierigkeiten stößt, werden auch kleinere Grundstücke für den Wohnungsbau ausgenützt, sie befinden sich vorwiegend in den dichter verbauten Stadtgebieten. Der 1949—1952 errichtete Einsteinhof ist ein Beispiel für eine solche Wohnhausanlage. Neben 188 Wohnungen beherbergt sie einen Kindergarten für drei Gruppen, Ateliers, Garagen sowie Büro- und Werkstättenräume. Besonderes Gewicht wurde auf die gärtnerische Ausgestaltung gelegt: den Bewohnern steht eine Grünfläche von mehr als 4000 m² zur Verfügung, sie ist in diesem älteren und dicht verbauten Stadtteil von besonderem Wert und liegt innerhalb der Anlage. Durch die Zerstörungen des zweiten Weltkrieges (86.000 Wohnungen wurden vernichtet oder schwer beschädigt) war die Wohnungsnot so gestiegen, daß nur die öffentliche Hand Abhilfe schaffen konnte. Daher wurde 1947 der Wohnungsbau der Stadt Wien wieder aufgenommen. Es zeigt sich aber ein deutliches Abrücken von der Architektur der Gemeindebauten der ersten Republik: immer mehr wird der Mensch zum Mittelpunkt und Ziel der Planung und bei konsequenter Durchführung dieser Tendenz entfällt auch die repräsentative Fassade der Bauten. An ihre Stelle tritt eine bessere Ausgestaltung der Wohnungen, eine noch lockerere Verbauung und eine besondere Sorgfalt bei Ausgestaltung der Grünflächen.

121. *Kongreßsiedlung* (XIII., Dr.-Schober-Straße 6—18). Diese Siedlungsanlage der Stadt Wien zeigt das Bestreben der Stadtverwaltung, jeder Bevölkerungsgruppe jene Wohnform zu schaffen, die ihrem Leben und ihrer persönlichen Eigenart nahekommt. So wohnen in der Kongreßsiedlung vor allem kinderreiche Familien, denen die nur zweigeschossige Bauweise am meisten entspricht. Auch ist für Kinder außer auf den Spielplätzen innerhalb der Siedlung im nahen Lainzer Tiergarten und um diese Anlage am Stadtrand genügend Raum vorhanden. Neben den 257 Wohnungen befindet sich auch eine Heimstätte für alte Menschen in der Siedlung. Durch die lockere Bauweise wird sie nicht als Fremdkörper im angrenzenden Wienerwald empfunden, sondern bildet einen Bestandteil der Landschaft. Die sorgfältige gärtnerische Gestaltung unterstreicht dies noch. Nur 27% der Fläche wird von Bauwerken eingenommen.

Etwa ein Drittel der Budgetmittel der Stadt Wien fließt in das Baugewerbe und Baunebengewerbe; der Wohnungsbau stellt die größte Budgetpost der Stadt dar. Durch diese Investition wird ein jährlicher Zuwachs von mehr als 5000 Gemeindewohnungen erreicht, abgesehen von den Wohnungen, die durch Zuschüsse der Gemeinde Wien an gemeinnützige Wohnungs- und Siedlungsvereinigungen und die zur Wohnbauförderung gebaut werden.

Seit 1945 wurden über 50.000 Volkswohnungen errichtet. 1956 stand ein Sechstel sämtlicher Wiener Wohnungen unter der Verwaltung der Gemeinde. Die Mietzinse gehören zu den niedrigsten Europas, da die Bauten aus Steuergeldern errichtet werden und die Miete nur einen Beitrag für die Instandhaltung, Betriebskosten, Steuern etc. darstellt.

122. *Sonder-Kindergarten der Stadt Wien „Schweizer Spende"* (XIV., Auer-Welsbach-Park, Schloßallee 2). Nächst dem Schloß Schönbrunn hat die Gemeinde Wien mit Unterstützung der Hilfsaktion „Schweizer Spende" einen neuen Sonder-Kindergarten für geistig und körperlich behinderte Kinder geschaffen. Der Bau steht in einer großen Parkanlage und enthält in sinnvoller architektonischer Anordnung sechs Kindergartengruppen, in denen Heilpädagogen, Psychologen und Pflegepersonal sich mit den verschiedenen Sonderfällen geschädigter oder gehemmter Kinder befassen. Sie werden in einem internationalen heilpädagogischen Institut, das dem Kindergarten angegliedert ist, betreut. Jeder der sechs Pavillons bildet aus erzieherischen Gründen eine geschlossene Einheit, hängt aber mit dem Institut durch einen Verbindungsgang zusammen. Das Jugendamt der Gemeinde Wien verwaltet insgesamt 165 Kindergärten und Horte, in denen täglich rund 14.000 Kinder betreut und von geschulten Kindergärtnerinnen erzogen werden.

123. *Heimstätte für alte Menschen im Steinitzhof* (XIII., Auhofstraße 6). In Wien ist mehr als ein Viertel der Bevölkerung älter als 60 Jahre. Eines der sich daraus ergebenden Probleme ist das der Schaffung von Wohnungen, die es alten Menschen ermöglichen, ihren selbständigen Haushalt weiterzuführen, ohne dabei jedoch die Unbequemlichkeit einer ungeeigneten Wohnung in Kauf nehmen zu müssen. Die Gemeinde Wien hat daher 1952 mit dem Bau eigener Heimstätten für alte Menschen begonnen. Bis Ende 1956 werden 12 derartige Anlagen fertiggestellt oder im Bau sein.

Die Heimstätte im Steinitzhof befindet sich inmitten einer Wohnhausanlage. Sie ist ebenerdig ausgeführt, um ihren Bewohnern das Treppensteigen zu ersparen. Unter einem gedeckten Gang liegen die Eingänge zu den Wohnungen; der Hof ist gegen Süden offen und bietet Gelegenheit zum Ausruhen im Freien. Die Anlage ermöglicht den Kontakt mit den Bewohnern der umliegenden Wohnbauten.

124. *Städtische Volksschule (Basler Schule) in Siebenhirten* (XIII., Weichselbaumgasse). In Siebenhirten, einem kleinen Vorort von Wien, wurde die Volksschule 1944 durch Bomben zerstört, so daß die Kinder weit gehen mußten, um einen geregelten Unterricht zu erhalten. Hier hat die Stadt Wien 1949 eine nach modernen pädagogischen und baulichen Erkenntnissen ausgestaltete Schule erbaut. Zur dankbaren Erinnerung an die Bevölkerung von Basel, die in den harten, entbehrungsvollen Jahren nach dem zweiten Weltkrieg die Kinder von Siebenhirten vor Hunger und schweren Krankheiten bewahrte, führt die Schule ihren Namen. Sie ist der flachen Landschaft angepaßt und hat freundliche Klassenzimmer mit dem Blick ins Freie. Ein großer Spielhof, Freiluftklassen, eine geräumige Pausenhalle, ein Turnsaal, Trinkbrunnen und was sonst zu einer ländlichen Schule gehört, dienen den Bedürfnissen der Kinder.

125. *Ringturm.* Die Ringstraße beschreibt um die innere Stadt ein Vieleck und endigt am Kai, der das rechte Ufer des Donaukanals von der Augarten- bis zur Aspernbrücke begleitet. Im Jahre 1955 wurde am Ufergelände am Ende des Schottenrings und Kais der Ringturm, ein neues Wahrzeichen Wiens, vollendet. Er dient der Wiener Städtischen Versicherungsanstalt als Bürohaus und ist das erste Gebäude in Wien, das mit 20 Stockwerken in eine Höhe von mehr als 70 m emporragt und zu den höchsten Häusern Europas zählt. Das imposante Profangebäude wurde in einem neuen Baustil errichtet und hebt sich von den alten Prachtbauten der Ringstraße ab, deren markanten Abschluß es bildet. Die höchsten Stockwerke wurden zu einer Aussichtsterrasse ausgestaltet, die einen Rundblick auf Stadt und Umgebung von Wien gewährt. Auf dem Dach des Ringturms erhebt sich ein hoher Mast, der nach Einbruch der Dunkelheit durch farbige Lichtsignale, die von der Zentralanstalt für Meteorologie und Geodynamik auf der Hohen Warte ferngesteuert werden, den Witterungscharakter, die mittlere Tagestemperatur, Bewölkung und Niederschläge anzeigt.

126. *Wohnhochhaus Mommsengasse* (IV., Mommsengasse 6). Auf einem bombenzerstörten Grundstück errichtete eine österreichische Bank für ihre Bediensteten ein Wohnhochhaus. Seine ansprechende Architektur hatte mit seiner relativ ungünstigen städtebaulichen Lage in einem dicht verbauten Stadtgebiet zu rechnen; durch die angrenzenden Grünflächen erhält jedoch der Bau Eigenleben und hebt sich in seiner klaren Form wohltuend von den umliegenden Häusern aus der Gründerzeit ab. Drei Terrassen auf dem Dach des Hochhauses stehen den Mietern zu ihrer Erholung zur Verfügung.

Dieses Wohnhochhaus ist ein Beispiel für die private Wohnbautätigkeit, die aus öffentlichen Mitteln gefördert wird, wobei diese Förderung auf verschiedene Arten erfolgen kann: durch den Bundes-Wohn- und Siedlungsfond (vor allem für gemeinnützige Siedlungsgenossenschaften), aus den Mitteln der Wohnbauförderung (insbesondere zur Beseitigung des Barakkenelends und zur Förderung des Eigenheimbaues) und mit Hilfe des Wohnhaus-Wiederaufbaufonds (dem Wiederaufbau und der Beseitigung der Kriegsschäden gewidmet). In allen Fällen ist eine langfristige Rückzahlung mit niedriger Verzinsung vorgesehen, wobei mit Ausnahme des Wohnhaus-Wiederaufbaufonds der Nachweis von Eigenmitteln erforderlich ist.

127. *Wiener Messe.* Die Stadt Wien ist durch ihre günstige geographische Lage schon frühzeitig ein wichtiges Handelszentrum geworden. Bereits im 13. Jahrhundert wurde ihr das Marktrecht verliehen, das jedermann gestattete, aus allen Ländern Waren nach Wien zu bringen und zu verkaufen. Dieses alte Recht erlosch erst im Jahre 1859 durch die neue Gewerbeordnung. Damit fanden auch die Messeveranstaltungen, die bis dahin zweimal jährlich in Wien abgehalten wurden, ihr vorläufiges Ende. Zu Beginn des 20. Jahrhunderts lebte die Idee wieder auf, wurde jedoch erst in den Jahren nach dem ersten Weltkrieg verwirklicht. Die Gründung der Wiener Messe im Jahre 1920, an der die Gemeindeverwaltung entscheidenden Anteil nahm, geht auf die Initiative führender Persönlichkeiten des österreichischen Wirtschaftslebens zurück. Im Jahre 1921 fand die erste Wiener Mustermesse statt, deren Erfolg alle Erwartungen übertraf. Aussteller und Einkäufer kamen aus aller Welt nach Wien und der Export wurde durch die Messeveranstaltungen ebenso belebt wie der Transit- und Fremdenverkehr. Die Wiener Messe bildet ein Zentrum der österreichischen Volkswirtschaft. Der zweite Weltkrieg hat den Messegebäuden, dem Messepalast und dem Ausstellungsgelände im Prater schwere Schäden zugefügt, die aber dank der Unterstützung der Gemeinde Wien behoben wurden. In kurzer Zeit wurden auf dem Rotundengelände große Hallen und zahlreiche Pavillons errichtet, so daß bereits 1946 die erste Wiener Friedensmesse stattfinden konnte. Sie errang wieder internationale Bedeutung. Das Ausstellungsgelände im Prater wird ständig vergrößert. Der als Messepalast (Wien VII.) bekannte Bau ist das ehemalige Hofstallgebäude, das unter Karl VI. nach dem Entwurf J. B. Fischers v. Erlach 1723 begonnen, 1725 von dessen Sohn vollendet wurde und Stallungen für 600 Pferde enthielt. Die Front ist 365 m lang.

128. *Kai.* Als durch die Stromregulierung im vergangenen Jahrhundert der Donaukanal geschaffen wurde, verschwanden viele Schönheiten eines städtebaulich und historisch bedeutenden Stadtteiles, der zum ältesten Kern Wiens gehört und schon von den Römern besiedelt war. Die Notwendigkeit einer Neuordnung ergab sich jedoch erst durch die schwere Zerstörung dieses Viertels am Ende des zweiten Weltkrieges. Sämtliche Kanalbrücken wurden gesprengt, ganze Häusergruppen durch Beschießung oder durch Spreng- und Brandbomben vernichtet. Heute überspannen neue Brücken den Kanal und es wurden moderne Verkehrslösungen geschaffen. Die früher zu massierten Wohnbauten zwischen dem Kanal und dem ehemaligen Steilrand wurden nach dem Krieg nicht wieder aufgebaut. An ihre Stelle traten Parkplätze und Rasenflächen. Durch die Auflockerung wurden interessante Partien der Altstadt reizvoll hervorgehoben. Die Ruprechtskirche, die älteste Kirche Wiens, und das Griechenviertel stehen wieder in engerem Kontakt mit dem Kai. Für die markantesten Punkte sind Hochhäuser vorgesehen, die mit dem in der Ferne sichtbaren Hügelland des Wienerwaldes eine neue Silhouette ergeben werden. Die Neugestaltung des Kais ist eine wertvolle städtebauliche Leistung, die den technischen Notwendigkeiten ebenso wie der Bewahrung der Atmosphäre eines alten Stadtteiles Rechnung tragen soll.

129. *Ein städtisches Kinderfreibad.* Die Kinderfreibäder bieten Wiener Kindern Gelegenheit, sich an schönen Sommertagen in frischer Luft und im Wasser zu tummeln. Die Freibäder wurden durchwegs in Gärten angelegt und stehen Kindern von 6 bis 14 Jahren kostenlos zur Verfügung. Ein derartiges Bad wurde schon im Jahre 1917 bei Hütteldorf eröffnet. Die ersten Anlagen waren einfach ausgestattet. 1923 begann die Gemeindeverwaltung Kinderfreibäder besonders in den dichtbevölkerten Bezirken zu errichten. Bis zum Jahre 1944 standen 23 im Betrieb. Nach der Zerstörung vieler Bäder durch den Krieg wurde 1949 das erste neue Bad im 10. Bezirk eröffnet, und weitere folgten. Die Gesamtzahl der Kinderfreibäder hat sich inzwischen wieder auf 28 erhöht. Für die einwandfreie Beschaffenheit des Wassers sorgen Entkeimungs- und Filteranlagen.

130. *Marktleben.* Die fortschreitende Besiedelung des Wiener Beckens im Mittelalter führte zur Schaffung eines Marktes in Wien. Seine Gründung dürfte um die Wende des 11. zum 12. Jahrhundert erfolgt sein. Seit dem Stadtrecht von 1221 war die Sicherung des Marktes, die Versorgung der Wiener Bevölkerung mit Lebensmitteln eine Hauptaufgabe der Stadtverwaltung und ist es geblieben. Die wachsende Bedeutung der Stadt als Markt- und Wirtschaftszentrum Österreichs und die Entwicklung Wiens zur Großstadt machte die Erhaltung einer größeren Zahl von Groß- bzw. Spezial- und Detailmärkten notwendig. Das Marktamt der Stadt Wien verwaltet derzeit 42 Marktobjekte. An Detailmärkten bestehen gegenwärtig 33 sogenannte offene Märkte, die auf Plätzen und Straßen abgehalten werden. Dazu kommen noch drei Detailmarkthallen. Außer den ständigen Märkten werden zu besonderen Gelegenheiten und Festzeiten fallweise Märkte abgehalten. Modern gestaltete Stände schaffen ein einheitliches Marktbild. Daneben bieten aber noch Gärtner und Landleute ihre Produkte auf transportablen Ständen zum Verkauf an.

131. *Städtisches Strandbad Gänsehäufel* (XXII.). Das Strandbad Gänsehäufel befindet sich auf einer Insel der Alten Donau. Aus bescheidenen Anfängen eines Naturheilbetriebes entwickelte die Stadt Wien seit 1907 das erste kontinentale Strandbad, das für das Wiener Bäderwesen besondere Bedeutung erlangte. Im letzten Krieg wurden die Anlagen zum größten Teil zerstört. Den mit dem Wiederaufbau betrauten Architekten stand im Gegensatz zu früher die gesamte 1 km lange und ¾ km breite Insel für die Planung zur Verfügung. Der alte Baumbestand der Aulandschaft wurde erhalten. Durch die Gliederung des Komplexes wurde der Eindruck eines Massenbades vermieden. Der Badegast soll in einem natürlichen Garten Erholung finden. Der Uhrturm ist auf der ganzen Insel sichtbar. Von den Einrichtungen sind das Wellenbad, das Kinderfreibad, die turmartigen Saisonkabinen, der Spielplatz mit Turngeräten und eine kleine Halbinsel erwähnenswert, auf der die Volkshochschule „Urania" Kurse und Vorführungen im Freien veranstaltet.

132. *Theresienbad* (XII., Hufelandgasse 3). Vor zweihundert Jahren wurde in Wien-Meidling im Bereich der sogenannten Thermenlinie eine heilkräftige Schwefelquelle wiederentdeckt, die, Funden zufolge, schon den Römern bekannt war. Seither bestand dort ein Bad, welches nach mehrmaligen Erneuerungen 1944 durch Bomben völlig zerstört wurde.

1952 bis 1956 wurde durch die Gemeinde Wien ein kombiniertes Warm- und Freibad errichtet, wobei vorgesorgt wurde, daß das Schwimmbecken unter Umständen mit einer großen Halle überbaut werden kann. So entstand sowohl ein Thermalbad für rund 300 Personen als auch ein Sommerbad, dessen ansprechende Gestaltung es zu einer kleinen Oase inmitten dieses dicht verbauten Stadtteiles macht.

133. *Stadionbad* (II.). In der waldreichen Aulandschaft des Praters am rechten Ufer der Donau liegt die große Sport- und Spielanlage des Stadions, die zentrale Sportarena der Wiener Bevölkerung, zu der auch das Stadionbad gehört. Es wurde 1931 fertiggestellt und zugleich mit dem großen internationalen Arbeiter-Olympiafest eröffnet. Es ist für sportliche Veranstaltungen vorzüglich geeignet. Die Tribünen bieten 5000 Besuchern Platz. Für über 7000 Badegäste sind Umkleidegelegenheiten eingerichtet. Ausgedehnte Lagerwiesen sowie eigene Bassins und Spielplätze für Erwachsene und Kinder machen die Anlage zu einem angenehmen Aufenthalt.

134. *Fußballmatch im Stadion* (II., Prater, Krieau). In den Jahren 1929 bis 1931 hat die Gemeinde Wien mit dem Stadion eine der größten europäischen Sportstätten und eine moderne große Kampfanlage geschaffen. Die Sportanlage liegt im Prater, dem alten Naturpark, drei Kilometer vom Stadtmittelpunkt entfernt und hat ein Ausmaß von rund 41,5 Hektar. Beim Bau wurde die Schönheit der Landschaft nicht nur als Umrahmung bewahrt, sondern durch Eingliedern eines modernen Sportpalastes aus Glas und Eisenbeton ein harmonisches Zusammenwirken von Natur und Technik erreicht. Die auf dem Bilde sichtbare Arena der Hauptkampfbahn bildet den Mittelpunkt der Anlage. Die Tribüne gewährt etwa 94.000 Zuschauern einen unbehinderten Ausblick auf das Spielfeld. Den Kern bildet ein Fußballfeld von internationalem Ausmaß, umgeben von einer 400 m langen und 7,5 m breiten, nicht überhöhten Laufbahn. In der Nordkurve des Innenfeldes liegen die Hochsprung-, in der Südkurve die Wurfanlagen. Die 130 m lange und 10 m breite Kurzstrecke befindet sich an der Westseite, an der ebenso wie an der Gegenseite noch je zwei Anlagen für Weit- und Stabhochsprung untergebracht sind. Neben der Hauptkampfbahn besitzt die Stadionanlage noch eine Radrennbahn, Übungsplätze für verschiedene Sportarten, eine von der Hauptkampfbahn getrennte große Schwimm- und Sportanlage und andere Einrichtungen. Bei großen internationalen Begegnungen ist das Stadion oft von leidenschaftlich interessierten Zuschauern überfüllt.

135. *Riesenrad* (II., Volksprater). Das Riesenrad, das gut zum Wiener Prater paßt, wurde kurz vor der Jahrhundertwende errichtet. In Paris und London hatte es schon vorher eine ähnliche Attraktion gegeben. Nur wenig über 50 Jahre alt, ist es zu einem Wahrzeichen Wiens geworden. Die langsame Fahrt in den Aussichtswagen gewährt einen schönen Rundblick über Stadt und Umgebung.

136. *Liliputbahn* (II., Volksprater). Die Liliputbahn mit ihrer Zwerglokomotive und offenen Personenwagen, die auch Erwachsenen Platz bieten, führt unweit der Hauptallee zum Messegelände und zum Lusthaus. Vor dem Stadion wendet sich die Bahn zur Rückfahrt über Praterwiesen und unter alten Bäumen zum „Wurstelprater" mit seinen zahlreichen Vergnügungsstätten. Die niedliche Bahn, das Entzücken der Kinder, hat eine eigene Betriebsleitung, Weichenstellungen mit Signalscheiben und eine kleine Wagenremise. — Der Wiener Volksprater blickt auf eine lange Entstehungsgeschichte zurück. Das ausgedehnte Au- und Jagdgebiet wurde bereits im 12. Jahrhundert als landesfürstliche Domäne urkundlich erwähnt. Schon im Jahre 1404 wurden hier die ersten primitiven Belustigungsstätten errichtet. Später blieb er als Wildgehege und Erholungsgebiet ausschließlich Hof- und Adelskreisen vorbehalten. Erst 1776 wurde der Prater von Josef II. dem Volk freigegeben und hat sich seither zum Vergnügungsort entwickelt. Hiebei blieb aber das Gebiet mit seinen Auen und Wiesenflächen zum überwiegenden Teil als Naturpark erhalten. In seinem vorderen Teil bildete sich im Laufe von 180 Jahren der sogenannte „Wurstelprater" mit Ringelspielen, Kasperltheatern, „Hutschen", Schaubuden, Gasthäusern und Tanzlokalen, eine echt wienerische Spezialität, deren Anziehungskraft über ihre lokale Bedeutung weit hinausgeht. Nach dem ersten Weltkrieg setzte ein Wandel ein. Der Fortschritt der Technik wirkte sich auch auf den Prater aus. Im Jahre 1945 wurde er ganz zerstört, jedoch mit Unterstützung der Gemeinde Wien wieder aufgebaut.

137. *An der alten Donau* (XXI. und XXII.). Obwohl Wien an der Donau liegt, greift nur ein Teil der Stadt auf das linke Ufer über. Ein ausgedehntes Überschwemmungsgebiet scheidet es vom Strome. Der Fremde kann längere Zeit in Wien verbringen, ohne die Donau zu sehen. Die Bezeichnung „Blaue Donau" trifft nur zu, wenn das Wasser an Sommertagen blau leuchtet. Die verschiedenen Donauarme haben oft ihren Lauf geändert. Bei der großen Donauregulierung von 1868 bis 1881 wurde der Strom in ein neues, im Gebiet der Stadt Wien fast gerade verlaufendes Bett geleitet, wobei einige Nebenarme erhalten blieben. Einen solchen bildet inmitten schöner Auen die „Alte Donau", die ein beliebter Badeplatz ist und an Sonntagen von weißen Segeln und Ruderbooten belebt wird.

138. *Kastanienblüte im Prater* (II., Hauptallee). Die Hauptallee entstand 1837 und führt vom Praterstern als viereinhalb Kilometer lange Kastanienallee zum Lusthaus in der Nähe der Freudenau und des Rennplatzes. Im Lusthaus, das unter Karl VI. als kaiserliches Jagdhaus gebaut wurde, fand im Jahre 1814, anläßlich des Jahrestages der Schlacht bei Leipzig, ein großes Diner für die aliierten Monarchen statt. Außer den Fürsten sollen bei dem Fest Tausende von Soldaten der Wiener Garnison bewirtet worden sein. Auch Praterfeste und der traditionelle Blumenkorso fanden hier ihren Abschluß. Die Hauptallee, eine breite Fahrstraße, beiderseits von Reit- und Gehwegen eingesäumt, führt dicht am Messegelände und am Stadion vorbei, dann am sogenannten Heustadelwasser, einem toten Arm der Donau, und weiter an Auwäldern entlang. Besonders schön ist die schnurgerade Allee zur Zeit der Kastanienblüte.

139. *Wintersport am Stadtrand.* Die Hänge und Steilwiesen des Wienerwaldes stellen ein ideales Skigelände dar, das man vom Stadtzentrum leicht erreichen kann. Die günstige Lage der Stadt hat das Skifahren zu einem Volkssport der Wiener gemacht, die ja seit jeher in enger Verbundenheit mit dem Wienerwald leben. An schönen Wintersonntagen sind die Straßenbahnen besonders nach Grinzing, Neuwaldegg, Mauer und Hütteldorf überfüllt. Ein Wald von Skiern und Rodeln bewegt sich auf die Hänge zu, auf denen die ganze Bevölkerung versammelt zu sein scheint. Für den einsamen Skiwanderer gibt es aber auch abseits von den überfüllten Hängen lange, malerische Waldwege.

140. *Eisstoß auf der Donau.* Der Winter ist in Wien infolge der Kaltluftmassen aus der östlichen Steppe oft streng. Eistreiben auf der Donau gibt es fast jedes Jahr. In besonders strengen Wintern dringen die Eisstöße aus dem Osten bis über Wien nach dem Westen vor. Der stärkste Eisstoß in neuerer Zeit ereignete sich vom Jänner bis März 1929. Damals wurden in Wien Temperaturen von minus 30 Grad

34

Celsius gemessen. Die Donau war vollkommen zugefroren und die Eisblöcke, die eine Dicke bis zu zwei Metern erreichten, schoben sich stellenweise hoch übereinander. Vom Leopoldsberg sah man auf eine arktische Eislandschaft.

141. *Stadtpark* (I.). Wien, das sich seinen naturnahen Charakter länger als andere Großstädte bewahrt hat, war immer an Hausgärten und Parkanlagen reich. Das soziale Wohnbauprogramm der Gemeinde nach dem ersten Weltkrieg hat die ungehemmte Verbauung dadurch beendet, daß es neben der Schaffung des notwendigen Wohnraumes für eine Auflockerung des Stadtbildes sorgte und Gärten und Grünflächen um die Häuser anlegte. Solange noch Mauern die Stadt umschlossen, bildete der breite, von Alleen durchzogene Wiesengürtel im Vorfeld der Befestigungen die Erholungsstätte der Wiener. Als Wälle und Basteien gefallen waren und Wiens Erweiterung zur Großstadt begann, entstand an Stelle des Glacis die Ringstraße mit ihren Prunkbauten, belebt durch öffentliche Gärten. Einer der schönsten ist der Stadtpark. Alte Bäume säumen die Wege, den idyllischen Teich bevölkern Enten, Schwäne, Pfauen und exotische Wasservögel. Farbige Blumenparterre ziehen den Blick an. Der Stadtpark ist reich an Denkmälern. Neben den Standbildern großer Maler begegnet man der Büste Anton Bruckners, den Denkmälern Franz Schuberts und Johann Strauß' Sohn.

142. *Beim Heurigen.* Der Fremde sieht nur die heitere Seite des Wiener „Heurigen". Dieses Stück Wiener Volkslebens hat erhebliche wirtschaftliche Bedeutung. Das Weinbaugebiet um Wien umfaßt 600 Hektar. Die Fremden und viele Wiener ahnen nicht, welcher Arbeit es bedarf, bis der Wein ausgeschenkt wird. Diese geht seit fast 2000 Jahren in gleicher Weise vor sich. Die Weinrebe soll unter Kaiser Probus im dritten nachchristlichen Jahrhundert hierher gebracht worden sein, worauf römische Funde hindeuten. Die Römer fanden einen besonders günstigen Boden und ausgedehnte Südhänge vor. Der Weinbau wurde durch das ganze Mittelalter gepflegt. Seit 1057 werden Aufzeichnungen über die Weinernten geführt und die Landesfürsten erließen wiederholt Weingartenordnungen. Seit dem 16. Jahrhundert war die Anlage von Weingärten nur gestattet, wenn der Boden nicht mit dem Pflug bearbeitet werden konnte. Im Stadtgebiet von Wien sind noch alte Weinpressen im Gebrauch. Außer in Grinzing wird in vielen Vororten Wein gebaut, wie in Heiligenstadt, Nußdorf, Sievering, Neustift am Walde, Perchtoldsdorf und Gumpoldskirchen.

143. *Alter Hof in Grinzing* (XIX.). In den ehemaligen Vorstädten Wiens findet sich noch mancher alte Hof mit steinernem Brunnen und Gängen, die an den oberen Wohnungen entlang führen. Ein altes Haus in Grinzing enthält in einem malerischen Hof ein schmiedeeisernes Brunnengitter. Die kleine steinerne Stiege und der Oleanderstock geben ihm ein freundliches Aussehen. In manchen Höfen steht dicht hinter dem Torweg ein niedriges Gitter, das einen schattigen, alten Garten vom Hause trennt. Die Straßenseiten der einfachen Häuser lassen nicht erkennen, daß sich an ihren Rückfronten oft Höfe und Gärten befinden. Wie die Namen vieler Dörfer um Wien, weist auch Grinzing auf die Zeit der bayrischen Besiedelung des Landes zurück. Schon um 1110 war es ein blühendes Dorf, in dem mehrere Klöster und ein Adelsgeschlecht Grundbesitz hatten. Die bis 1891 selbständige Ortschaft mit ihrer spätgotischen einfachen Landkirche wurde mehrmals zerstört und konnte sich erst nach der Franzosenzeit von 1809 erholen. Hiezu hat das Gedeihen des Weines wesentlich beigetragen, durch den Grinzing weltbekannt wurde.

144. *Auf dem Kahlenberg* (XIX.). Der Kahlenberg, ein Gipfel des Wienerwaldes, gewährt eine schöne Aussicht und besitzt seit jeher die Liebe der Wiener. Auf dem früher unbesiedelten Berg bauten 1628 Einsiedlermönche ein Eremitorium und eine kleine Kirche. In seinen dichten Eichenwäldern hielten sich viele Wildschweine auf, so daß er Schweins- oder Sauberg genannt wurde. Seit der Klostergründung hieß er Josefsberg und seine heutige Bezeichnung hat er erst nach 1683 erhalten. Die Kirche wurde nach der Zerstörung durch die Türken neu erbaut und 1734 vollendet. Josef II. hob das Kloster auf, auf dessen Gründen die idyllische Siedlung Josefsdorf entstand. Reste der ehemaligen Eremie waren noch lange Zeit in einzelnen Wohnhäusern in Form von Malereien und Plastiken aus dem 18. Jahrhundert erhalten. Auf dem Josefsdorfer Friedhof liegt das Grab des wegen seines Geistes berühmten Prinzen Karl de Ligne, der in dem Ort ein Landhaus besaß. Neben der Kirche liegt das Kahlenbergrestaurant. Von einer langen Terrasse bietet sich ein weiter Blick auf das Häusermeer der Stadt, auf den Lauf der Donau, über das Marchfeld bis zu den Kleinen Karpathen und auf die bis in den Mai hinein mit Schnee bedeckten Höhen des Schneeberges. Im Gasttrakt des ehemaligen Klosters soll Mozart an seiner „Zauberflöte" gearbeitet haben.

145. *Kahlenbergerdorf* (XIX.). Das kleine altertümliche Dörfchen liegt auf dem der Donau zugekehrten Hang des Leopoldsberges. Straße und Eisenbahn finden kaum Platz zwischen Berg und Strom. Die Uferstraße soll von den Römern als Teil des Limesweges längs der Donau angelegt worden sein. Schon im 12. Jahrhundert genannt, war der von feindlichen Angriffen wiederholt bedrohte Ort bis ins 14. Jahrhundert Sitz des Geschlechtes der Herren von Chalwenperge. An alten Häusern vorbei gelangt man zu der Kirche, deren Bau auf die zweite Hälfte des 12. Jahrhunderts zurückgeht. Die Kirche, 1529 von den Türken zerstört und später wieder aufgebaut, ist ein gotischer, barock umgestalteter Bau mit einem malerischen Stiegenaufgang. Rings um sie sind die alten Befestigungen noch erkennbar. Eine Sehenswürdigkeit ist der stimmungsvolle Friedhof, der nur aus wenigen Gräbern besteht. Das heutige Kinderasyl soll ein Jagdschloß der Kaiserin Maria Theresia gewesen sein.

146. *Leopoldsberg* (XIX.). Infolge seiner beherrschenden Lage war der Leopoldsberg schon seit der jüngeren Steinzeit besiedelt, wofür prähistorische Funde sprechen. Auf der Bergspitze errichtete der Babenberger Markgraf Leopold III. um 1100 eine Burg, deren strategische Bedeutung für die Donaustraße sich oft erwies. Der wehrhafte Bau blieb auch bewohnt, als die Residenz des fürstlichen Geschlechtes von Klosterneuburg nach Wien verlegt wurde und weiterhin während der Herrschaft der Habsburger. Später verfiel er und wurde nach mehrmaliger Wiederherstellung 1529 gesprengt, um nicht den Türken in die Hände zu fallen. Am 12. September 1683 stieg das aus kaiserlichen, Reichs- und polnischen Truppen gebildete Entsatzheer in der Stärke von 75.000 Mann vom Kamm des Gebirgszuges herab und eröffnete die Schlacht, die mit der Vernichtung der Türken endete. Zur Erinnerung an den Sieg gelobte Leopold I. den Bau einer Kirche, die auf dem Platz der ehemaligen Burg stehen sollte und dem Namenspatron des Kaisers geweiht wurde. Seither trägt der Berg, der bis dahin Kahlenberg hieß, seinen heutigen Namen. Die Kirche in ihrer heutigen Gestalt wurde 1718 neuerbaut. Die feine Silhouette der Barockkirche mit ihrer Kuppel ist ein weithin sichtbares Wahrzeichen Wiens auf dem letzten steil zur Donau abfallenden Ausläufer der Alpen.

147. *Klosterneuburg bei Wien.* Das palastartige Stift Klosterneuburg thront wuchtig über dem gleichnamigen Städtchen an der Donau. Als die Babenberger ihre Residenz von Melk nach Klosterneuburg verlegten, gründete Markgraf Leopold III. der Heilige im Jahre 1106 das

Stift und berief Priester aus dem Orden der Augustiner-Chorherren, die seither hier wirken. In den Jahren 1114 bis 1136 wurde die Kirche erbaut, deren früheste romanischen Teile noch vor der Mitte des 12. Jahrhunderts entstanden sind. Auch eine Burg der Landesherren wurde neben dem Stift errichtet, in dessen Bereich Baureste aus der Römerzeit gefunden wurden. Wie alle mittelalterlichen Klöster entwickelte sich auch Klosterneuburg zu einem Zentrum geistigen Lebens. In der ersten Hälfte des 18. Jahrhunderts wurde das Stift durch den Mailänder Baumeister Donato F. Allio in reichen barocken Formen erweitert. Karl VI. wollte es nach dem Vorbild des Escorial, des spanischen Königspalastes, zu einer prunkvollen Residenz ausgestalten, die zugleich kaiserlicher Sommersitz und Kloster werden sollte, konnte aber den großangelegten Plan des Umbaues nur teilweise verwirklichen. Das Innere der Stiftskirche wurde in der Barockzeit völlig verändert. Interessant ist auch die große Orgel aus dem Jahre 1642, die noch weit älteres, mittelalterliches Pfeifenmaterial verwendet. Alljährlich wird vor den beiden mit Herzogshut und Kaiserkrone geschmückten Kuppeln des Stiftstraktes, der als einziger von vier projektierten zur Ausführung kam, ein Volksfest zu Ehren des hl. Leopold, des Schutzpatrons von Niederösterreich, gefeiert. Unter allgemeiner Beteiligung geht es dann zum „Fasselrutschen", das in einem gotischen Gebäude auf einem 1704 gezimmerten riesigen Faß stattfindet. Die Inneneinrichtung des Stiftes ist von erlesener Pracht. Ein einzigartiges Meisterwerk befindet sich in der Leopoldskapelle, dem ehemaligen Kapitelsaal, der „Verduner Altar". Dieses großartige Denkmal der mittelalterlichen Emailkunst des Abendlandes wurde nach der Inschrift 1189 von dem Goldschmied Nikolaus von Verdun für das Stift Klosterneuburg verfertigt. Über dem Altar ruhen in einem Schrein die Gebeine des hl. Leopold. Nach der Feuersbrunst des Jahres 1322, die auch den Verduner Altar beschädigt hatte, mußte der größte Teil des Stiftes neu aufgebaut werden. Auch das Stiftsmuseum, die Schatzkammer und die Bibliothek mit vielen Frühdrucken, die größte Privatbibliothek Österreichs, sind reich an Sehenswürdigkeiten.

148. *Burg Liechtenstein bei Wien.* Die Feste Liechtenstein wurde unter den Babenbergern als Bollwerk gegen feindliche Anstürme aus dem Osten im 12. Jahrhundert erbaut. Die Burg, deren bemerkenswerte Kapelle, Palas und Wohnturm in einem Gebäude vereinigt waren, mußte unter ihren späteren Lehensherren zahlreichen Belagerungen standhalten und wurde mehrmals teilweise zerstört, zuletzt 1683 durch die Türken. Der regierende Fürst von Liechtenstein ließ vor einigen Jahrzehnten den Sitz seiner Vorfahren nach alten Plänen stilgerecht wiederherstellen. Reste der alten Burg, eines romanischen Quaderbaues, wurden beim Neubau verwendet.

149. *Quellen des Wiener Wassers im Schneeberggebiet.* Vor der Erbauung der I. Hochquellenleitung erfolgte die Wasserversorgung Wiens durch Hausbrunnen und einige kleinere Quellwasserleitungen. Das damals nur ungenügend vorhandene Trinkwasser entsprach keineswegs den gesundheitlichen Anforderungen und verursachte dauernd Typhusepidemien. So faßte der Wiener Gemeinderat den Entschluß, eine Quellenleitung zu errichten. Man entschied sich für das Projekt des Geologen Eduard v. Sueß, der vorschlug, die Quellen des Schneebergs und der Rax zu fassen und deren Wasser über etwa 90 Kilometer nach Wien zu leiten. 1873 war der Bau vollendet. Nach der Eingemeindung der Vororte gegen Ende des 19. Jahrhunderts trat abermals Wasserknappheit auf, so daß die Gemeinde genötigt war, eine zweite Hochquellenwasserleitung zu erbauen, die das Wasser aus dem 200 Kilometer entfernten Hochschwabgebiet in der Steiermark heranbringt. Das Bild zeigt den Schneeberg, in dessen Gebiet die Quellen der ersten Hochquellenleitung entspringen. Auf dem 2000 m hohen Berg, der nur eine Autostunde von Wien entfernt ist, wird noch spät im Frühjahr Skisport betrieben.

150. *Stift Melk in Niederösterreich.* Hoch über der Donau, am Eingang zur Wachau, liegt das Benediktinerstift Melk. In römischer Zeit Standort einer Wache, wurde im 10. Jahrhundert hier die Residenz der Babenberger erbaut. Als der Sitz im Zuge der Kolonisierung des Ostens donauabwärts verlegt wurde, entstand auf dem festen Platz 1089 eine Abtei der Benediktiner, der Hausgeistlichen des Herrschergeschlechtes, die von diesem reichen Grundbesitz erhielten. Im 14. Jahrhundert wurde sie zu einer Klosterfestung ausgebaut. Die nach der Abwendung der Türkengefahr einsetzende kulturelle Blüte des Barockzeitalters und der wirtschaftliche Aufschwung ermöglichten den Bau des Stiftes, das von Jakob Prandtauer 1702 begonnen und von dessen Schüler Josef Mun-

genast 1749 vollendet wurde. Es stellt eine der bedeutendsten Schöpfungen barocker Baukunst dar. Die Altane bieten einen großartigen Ausblick auf das Donautal und die prachtvolle doppeltürmige Westfassade der Stiftskirche, eines Lang- und Zentralbaues mit einer 64 m hohen Kuppel. Die Innenausstattung der Kirche zeigt reichste dekorative Entfaltung. Im Stiftsarchiv sind Kunstschätze von hohem Wert aufbewahrt, darunter ein Elfenbeintragaltärchen aus der Mitte des 11. Jahrhunderts, das „Melkerkreuz", ein Geschenk Rudolfs des Stifters aus dem Jahre 1362, ein Hauptwerk der Goldschmiedekunst, 2000 Urkunden, die Münzsammlung, acht gotische Tafelbilder und sechs aus der Schule Albrecht Dürers. Wissenschaft und Kunst haben hier immer eine Pflegestätte gefunden. Vor wenigen Jahren wurde unter den Schätzen der 80.000 Bände, Inkunabeln, und Handschriften umfassenden Bibliothek das Manuskript eines unbekannten Violinkonzertes von Joseph Haydn entdeckt.

151. *Dürnstein in der Wachau* (Niederösterreich). Das malerische Donaustädtchen Dürnstein, dessen Burgruine hoch über dem Strom und der Ansiedlung liegt, stammt aus dem Beginn des 11. Jahrhunderts. Das Gebiet ging vom bayrischen Benediktinerkloster Tegernsee in den Besitz des Rittergeschlechtes der Kuenringer über, die um die Mitte des 12. Jahrhunderts die Burg erbauten. Auf ihr wurde der englische König Richard Löwenherz gefangen gehalten, der auf seiner heimlichen Rückkehr vom dritten Kreuzzug in die Hände Leopolds V. fiel. Richard von England hatte den Babenberger Herzog bei der Eroberung von Akkon tötlich beleidigt. Er wurde dann dem deutschen Kaiser ausgeliefert und gegen ein riesiges Lösegeld in Freiheit gesetzt. Später war Dürnstein ein gefürchtetes Raubritternest. Nach dem Aussterben der Kuenringer wurde es landesfürstliches Eigentum. 1645 wurde der Ort durch die Schweden erobert und die Burg zerstört. Im Barockzeitalter wurde auch Dürnstein durch einige schöne Bauten bereichert, die im Verein mit zahlreichen mittelalterlichen Überresten und mit den großen landschaftlichen Reizen das Städtchen zu einem Lieblingsaufenthalt der Maler werden ließen. Die 1721 bis 1725 errichtete Kirche gehört zu den prächtigsten österreichischen Barockbauten.

1. *View of Vienna from the Belvedere.* The garden palace of Prince Eugene of Savoy rises on a slope which affords a dominating view over the city. Surrounded by the hills of the Vienna Woods, St. Stephen's Cathedral soars above the centre, with the Church of St. Charles Borromeo on the left and the Church of the Ladies of the Visitation on the right. The grounds are a masterpiece of Baroque planning.

2. *Upper Belvedere. Courtyard Side* (III., Prinz Eugen Strasse). The garden palace of Prince Eugene was built in late Baroque style by Lukas von Hildebrandt in 1721—1724 and was used for ceremonial purposes. It was acquired by the Court in 1752. Later on, the imperial collection of paintings was set up there. At present the "Nineteenth Century Gallery" is installed in it while the Orangery contains the Museum of Austrian Medieval Art.

3. *Upper Belvedere. Wrought-iron Gate.* This gate in elaborate wrought-iron work was carried out after a design by Lukas von Hildebrandt in 1728. A garden with rare alpine flowers stretches behind it. In a wing of the palace Anton Bruckner died in 1896.

4. *Upper Belvedere. The Garden Hall.* The entrance hall or sala terrena was turned into an impressive room the ceiling of which is supported by the figures of four powerful giants. Amongst the other rooms of the palace the big Marble Hall is worth seeing. It was here that the State Treaty which restored Austria's independence was signed on May 15th 1955.

5. *Lower Belvedere.* One-storeyed façades well-arranged and grouped round a Court of Honour, a portal in the form of a triumphal arch, and a most effective garden front are some of the outstanding features of this summer residence of Prince Eugene, which was also built by Lukas von Hildebrandt. It now contains the Museum of Baroque Art.

6. *Schwarzenberg Palace* (III., Schwarzenbergplatz). This palace was built by Lukas von Hildebrandt in 1704 and completed by Fischer von Erlach the Younger. The oval-shaped hall crowned by a cornice swings back in a curve and is the most essential feature of the garden front. The decoration of the interior is the work of Daniel Gran. The layout of the gardens is especially fine.

7. *Schwarzenberg Palace. The Domed Hall.* This magnificent hall is one of the greatest creations of Baroque style. Its architectural decoration is the work of Fischer von Erlach the Younger.

8. *University of Technology* (IV., Karlsplatz 13). This plain, well-arranged building in neo-classical style has a reception hall comprising two storeys. In front of the building a row of portrait busts recalls prominent scientists who taught in it.

9. *St. Charles Borromeo* (IV., Karlsplatz). St. Charles Borromeo Vienna's largest domed church, and second in importance only to St. Stephen's Cathedral is one of the most outstanding works of Fischer von Erlach the Elder. It owes its origin to a vow made by Charles VI at the time of the plague in 1713 and was built in 1716—1737.

10. *Opera House* (I., Opernring). The Opera House was built in 1869 and developed into an international centre of music. It saw Verdi conduct some of his operas and his Requiem and Richard Wagner as conductor of his "Lohengrin". The conductors, orchestral members, singers and ballet of the Vienna State Opera have become famous all over the world.

11. *Opera House. The Staircase.* The architects who built the Opera House in Italianate style were Eduard van der Nuell and August Siccardsburg. Its ornate staircase was completely destroyed by a bomb in 1945. The festive re-opening of the Opera House was a memorable event for the entire world of music.

12. *View from the Ring towards the Kaerntner Strasse.* The Kaerntner Strasse, Vienna's main artery and shopping centre, whose layout goes back to Roman days, once led through the Kaerntnertor (Carinthian Gate). Its shops are representative of Vienna style and fashion.

13. *The "Stock im Eisen"* (I., Stock im Eisen-Platz 3—4). The legend says that it was the custom for wandering locksmiths to drive a nail into this tree trunk first mentioned in a document of 1533. The trunk stands with its roots upwards and has become one of the features of Vienna.

14. *Academy of Fine Arts* (I., Schillerplatz). The Academy of Fine Arts, founded in 1692, is the oldest government school of art in Central Europe. Its new building in neo-classical style, a masterpiece by Theophil Hansen, was completed in 1876.

Apart from the class rooms and studios, it holds the most outstanding picture gallery owned by any school of art. The subjects taught in the school are painting, graphic art, sculpture, architecture, stage design, staging of festivities, art preservation, technology, and theory of art.

15. *St. Stephen's Cathedral* (I., Stephansplatz). The construction of the cathedral lasted several centuries. Both the Babenberg dukes and the Habsburg rulers took an active interest in it. The first cathedral was built about the middle of the 12th century. A completely new building, the last great edifice in late Romanesque style, was erected in the 13th century. Of it only the west façade with the "Riesentor" and the "Heidentuerme" have survived. They were incorporated in the Gothic façade in the course of the alterations carried out in the 14th and 15th centuries. The third cathedral, completely built in Gothic style, is the most magnificent example of an Austrian "halled" building. Its south front with its fine and elaborate tracery gables is linked up with the spire. The spire is 450 feet high. The watchman's room, perched high up in it, offers a wide view of Vienna and the surrounding country. The unfinished "Adlerturm" will harbour the "Pummerin", Austria's largest bell. St. Stephen's is the symbol and dominating landmark of Vienna. The cathedral was heavily damaged by artillery bombardement and by fire during the fighting for Vienna in 1945. The entire population of Austria contributed towards its reconstruction.

16. *St. Stephen's Cathedral. The Interior.* The nave and choir of this "halled church" rest on richly profiled pillars adorned by fine Gothic statues. The pulpit with the self-portrait of the sculptor Pilgram is especially remarkable. The interior acquires a special grandeur from its medieval character and the splendid Gothic and Baroque monuments.

17. *St. Stephen's Cathedral. The Riesentor.* This porch with its rich decoration in late Romanesque style is a masterpiece of the porch-building school of Lower Austria which flourished in the second half of the 13th century. The two iron bars inserted in the wall were used for linear measuring in medieval times.

18. *St. Stephen's Cathedral. Tomb of Frederick III.* This magnificent tomb in red marble was commissioned by the emperor and begun in 1467, but not finished before 1513. The side walls bear beautifully carved reliefs, the effigy of the emperor is outstandingly fine.

19. *St. Stephen's Cathedral. The Wiener Neustadt Altar.* This winged altar which comes from Viktring in Carinthia now ends off the left aisle. It is noted for its elaborate sclupturing and the painted wings.

20. *The Plague Column on the Graben* (I.). This column dedicated to the Holy Trinity was erected by Leopold I as a token of thanksgiving for the ending of the plague. The reliefs on the pedestal were designed by Fischer von Erlach the Elder; its lavish decoration and the abundant statuary make it a leading example of Austrian Baroque sculpture.

21. *The Graben* (I.). The origin of this street, now a main thoroughfare of the town, dates back to the 12th century. Its site was formerly occupied by part of the ditch which surrounded the Roman military camp. In the Middle-Ages it was the scene of local markets and later on that of ecclesiastical and court ceremonies.

22. *Church of the Nine Angelic Choirs and Our Lady's Column* (I., Am Hof). Notwithstanding its Baroque façade the Gothic character of this church, built between 1386 and 1405, is still noticeable. The column with the statue of the Virgin was built by Ferdinand III in thanksgiving for the preservation of Vienna from the Swedes. It was from the balcony of this church that Pope Pius VI blessed the Viennese on the occasion of his visit to Joseph II.

23. *Patrician House on the Square Am Hof* (I., Am Hof 12). This house with its two bay windows above the arched doors and its lavish decoration is one of the finest patrician Baroque buildings in Vienna.

24. *Kinsky Palace* (I., Freyung 4). This palace was built by Lukas von Hildebrandt. Its domed entrance hall and its decoration of figured stucco, the magnificent staircase with its statues, and the oval reception hall above the entrance are of great beauty.

25. *Kinsky Palace. The Staircase.* This staircase with its single branch of stairs is a most ingenious solution of the space problem and one of the most outstanding staircases of Baroque art, Cherubs at play decorate the parapets and the banisters.

26. *Hoher Markt and St. Joseph's Column* (I.). This, the oldest of Vienna's squares, was the site of the praetorium where Marcus Aurelius resided and probably died, and of the medieval law-courts and pillory. Its centre is taken up by the St. Joseph's Column, built by Leopold I in fulfilment of a vow.

27. *The Old Town Hall* (I., Wipplingerstrasse 8). The architect who gave the Old Town Hall its present shape must have been related to the Fischer von Erlach school. Its previous history can be traced back to the early 14th century. Alterations and additions made in the course of the centuries have created a building composed of various parts. In 1455 to 1457 Master Lorenz from the building-yard of St. Stephen's erected a new and modest Gothic building, remains of which have survived in several rooms. In its aldermen's room the fate of the capital of a growing empire was decided. It also saw some executions within its walls. In the Middle-ages the Town Hall marked the edge of the ghetto, an independent community abolished in 1422. At present the building houses various municipal offices.

28. *The Church of "St. Mary-on-the-Banks"* (I., Passauer Platz). This church whose history goes back to 1158 is one of the most outstanding Gothic monuments in Vienna. The slender five-edged tower with its open-work spire and the attractive porches with their stone canopies decorated by statues are of remarkable beauty.

29. *St. Rupert's Church* (I., Ruprechtsplatz). This church is supposed to be the oldest one of Vienna. It dates from the 11th century and the legend tells that boatsmen from Salzburg built a church on this site as early as 740. Its present shape goes back to the 12th and 13th centuries and combines Romanesque and Gothic elements. In the course of later alterations remains from the days of the Romans came to light.

30. *Schœnlaterngasse with the House of the Basilisk* (I.). The Schœnlaterngasse is a quaint old street of Vienna; its houses, built mostly in the early and peak Baroque period, are steeped in legends. Tradition says that people digging for a well in the house No. 7 came upon a monster exhaling poisonous gases. This "basilisk" gave the house its name.

31. *Old Courtyard in the Bæckerstrasse* (I., Bæckerstrasse 7). In the days of the Romans the highway to Carnuntum, capital of the province, used to pass through here; it became a road well-known to wandering craftsmen in the Middle-ages. The house No. 7 with its arcades dating from the 16th century is one of the few Renaissance monuments in Vienna.

32. *Heiligenkreuzerhof* (I., Schœnlaterngasse 3—5). The town-house of the Abbey of Heiligenkreuz, first mentioned in a document of 1286, has retained the spaciousness of old monastery courts. The richly decorated St. Bernard's Chapel, embellished by an altar-piece by Martino Altomonte and by sculptures by Giovanni Giuliani, can be seen in one of its courtyards.

33. *Griechengasse* (I.). The houses of the Griechengasse go back to the 15th and 16th centuries and have preserved their ancient character. The Gothic residential tower in the courtyard of No. 7, the only one of its kind in Vienna, is still inhabited.

34. *Old University and Jesuit Church* (I., Dr. Ignaz Seipel Platz). This church, a typical creation of early Baroque, rises between the old university building and the "Aula". The Vienna university is the second oldest German university. It was founded in 1365. It flourished in the 15th century and saw another hey-day under the Jesuits. The fine building of the Aula in late Baroque style was erected under Maria Theresa and now harbours the Academy of Scientific Studies. During the 1848 Revolution this building was the centre of the students' riots.

35. *Jesuit Church. The Interior.* The frescoes of the ceiling with their fictitious architecture, the altar piece, the twisted columns in shining stucco and the carved pulpit made of walnut inlaid with mother-of-pearl are outstanding features of the sumptuous interior of this church created by Andrea del Pozzo.

36. *Portal of Our Saviour's Chapel* (I., Salvatorgasse). This portal which dates from about 1515 is one of the few monuments of early Renaissance in Vienna and combines Gothic elements with decorative details from Upper Italy.

37. *Square of the Franciscans* (I.). The centre of this, the smallest of the inner town's squares, is taken up by the Moses Fountain. The church, built in 1611, displays both Gothic and Renaissance elements. Its interior is a remarkable example of Baroque furnishing. The elaborately carved organ, built in 1642, is the oldest one in Vienna. The outstanding feature of the church is the high altar with the wooden saue of the Virgin carved by Gruenberg.

38. *Fountain in the Savoy Institution for Gentlewomen* (I., Johannesgasse 15). The lead fountain in the courtyard of the Savoy Institution for Gentlewomen is said to be the work of Franz X. Messerschmidt and depicts the widow whose cruse never got empty.

39. *Andromeda Fountain in the Old Town Hall* (I., Wipplingerstrasse 8). This relief which is almost fully sculptured was cast by Raphael Donner in 1741, the year of his death. It combines a high degree of decorative skill with classical balance of design. Its subject is Perseus freeing Andromeda.

40. *Town Palace of Prince Eugene. The Portal* (I., Himmelspfortgasse 8). This palace, one of the outstanding monuments of Baroque art in Vienna, was built by Fischer von Erlach and Lukas von Hildebrandt for Prince Eugene in three stages. This is where the prince used to spend the winter for twenty-five years and where he died in 1736. Although its individual parts were not built by the same artist, the palace is fully homogeneous in appearance. The main portal is flanked by sculptured groups representing subjects from Greek mythology. The Palace has been the seat of the Ministry of Finance since 1848.

41. *Town Palace of Prince Eugene. The Staircase.* The central part of the palace was completed by Fischer von Erlach in 1698. The landings of the staircase are supported by four giants; the first landing carries a statue of Hercules. The supporting figures and the reliefs of the stone pillars were carved by Lorenzo Mattielli; the fresco of the ceiling represents a mythological subject and is the work of Louis Dorigny.

42. *Town Palace of Prince Eugene. The Vestibule.* The vestibule leads into the courtyard which provided space for carriages on the occasion of receptions and festivities.

43. *Town Palace of Prince Eugene. The Blue Drawing-Room.* Among the magnificent rooms of the palace the Blue Drawing-room stands out for its beauty. Allegories glorify the prince's deeds; their basic motif is the Hercules legend.

44. *Church of the Augustinians. Tomb of the Archduchess Marie Christine* (I., Augustinerstrasse). This former church of the Court, built in 1339, underwent several alterations, the last one under the reign of Joseph II. The austere exterior encloses the tomb of the Archduchess Marie-Christine, a work in neo-classical style by Antonio Canova. In this church Marie Louise of Austria and Napoleon were married by proxy in 1810.

45. *The Imperial Vault in the Church of the Capuchins.* 141 members of the Habsburg dynasty lie buried in this crypt entrusted to the care of the Capuchin Order. The beautiful sarcophagus holds the double coffin of Maria Theresa and her husband Francis of Lorraine. There is a strong contrast between this magnificent monument of human mortality and the plain coffin of Joseph II. The only person not of royal blood whose body found admission here was Graefin Fuchs, governess to Maria Theresa's children.

46. *Church of the Capuchins* (I., Neuer Markt). This plain building contains two side chapels of great artistic merit. The marble altar in the left chapel, called "the Imperial Chapel", is the only work from the high days of Italian Renaissance style in Vienna. Pope Pius VI celebrated mass here on the occasion of his visit to Joseph II in 1782. The outside wall carries the monument of Marco d'Aviano, the preacher who, by his eloquence, contributed a great deal towards the relief of Vienna from the Turks.

47. *Fountain by Raphael Donner on the Neue Markt.* This is the most outstanding work of Raphael Donner, a master of late Baroque sculpture. The central figure represents Providence surrounded by four cherubs; four figures symbolizing Austrian rivers decorate the edge of the basin.

48. *Albrechtsrampe.* The drive leading up to the Albrecht Palace formed part of the Augustinian Bastion, a section of the city fortifications. Its bottom wall is edged by the wide architectural line of the Albrecht Fountain. In front of the palace in which the Albertina, Austria's most outstanding collection of drawings and prints is housed, stands the statue of Archduke Albert, victor in the Battle of Custozza (1848).

49/50. *Lobkowitz Palace* (I., Lobkowitzplatz). This hospitable and magnificent palace of the Lobkowitz family was the scene of the festivities of the Congress of Vienna which made the Prince de Ligne exclaim; "Le congrès danse, mais il ne marche pas". This is where Beethoven's Third Symphony was performed for the first time. The first picture shows the well-arranged façade and the portal, the second one the beautiful Eroica Hall. Since the end of the Second World War the palace has been the seat of the French Cultural Institute.

51. *National Library. The Domed Hall* (I., Josefsplatz). The exterior of this building created by Fischer von Erlach the Elder is of impressive simplicity; yet its rooms, of which the domed hall is the finest, are lavishly decorated. The collections of papyri, manuscripts and incunabula of the former Imperial Library, thrown open to the public by Charles VI, are among the largest of the world.

52. *Square of Joseph II and National Library* (I.). This fine and architecturally most intimate of Vienna's squares is enclosed by the National Library with its two wings and the Pallavicini Palace. In its centre stands the bronze equestrian statue of Joseph II.

53. *The Spanish Riding School* (I., Hofburg). The stud farm of Lipizza was founded by Archduke Charles, son of Ferdinand I, who had horses of Spanish breed brought to Austria in 1550. The horses, which are a pure white in colour, are born black. The elaborate performances of the Spanish Riding School are unique and famous all over the world. This, the finest of all riding academies in Europe, was built by Fischer von Erlach the Younger in 1720—1735. It was mainly intended for the performances of the Lipizza stallions, but was also used for court festivities, roundabouts, ridotti and monster concerts.

54. *Imperial Palace. Michaelertrakt* (I.). The façade of this imposing building which is surmounted by a high dome swings back in a sharp curve and takes up the whole south side of the square. It was built to a design by Fischer von Erlach the Younger with a partial use of the original plan at the end of the 19th century. The fountain groups at the corners symbolize sea and land power.

55. *Imperial Palace. Archway of the Swiss Guards.* The Archway of the Swiss Guards, Vienna's outstanding Renaissance monument, forms part of the core of the Imperial Palace and leads from the Inner Courtyard to the Schweizertrakt. It took its name from the imperial bodyguard whose members used to be Swiss.

56. *Imperial Palace. The Inner Courtyard.* The inner court of the Palace is enclosed by buildings dating from various periods. The Reichskanzleitrakt, which holds the private rooms of the Emperor, was built by Lukas von Hildebrandt and Fischer von Erlach the Younger. The Amalientrakt with its clock tower was built in the early Baroque period; the Leopoldinische Trakt was enlarged several times. The Schweizertrakt closes the quadrangle. The centre of the square is occupied by the bronze statue of Francis I.

57. *Mozart Monument in the Burggarten* (I.). This monument is the work of the sculptor Viktor Tilgner. After having been damaged in the war it was renovated and set up in the Burggarten in 1953. This garden, the former private garden of the Emperor, was opened to the public in 1918.

58. *New Imperial Palace.* The wide semi-circle of this impressive building constructed by Karl Hasenauer to a design by Gottfried Semper embraces part of the Heroes' Square with the bronze equestrian statues of Prince Eugene and Archduke Charles. A similar wing was to be erected on the opposite side.

59. *Working Room of the President* (I., Hofburg). This room is situated in the Leopoldinische Trakt of the Imperial Palace and affords a beautiful view over the Heroes' Square. Its valuable furniture dates partly from the late 18th, partly from the early 19th century.

60. *St. Michael's Archway* (I.). The archway of the Michaelertrakt, one of the parts of the Imperial Palace, affords a view of St. Michael's Square and the Kohlmarkt.

61. *St. Michael's Square* (I.). This main thoroughfare is enclosed by the Michaelertrakt with its dome, and by St. Michael's Church.

The house opposite the former was built by Adolf Loos in 1910, who was one of the first to enforce the austerity of functional building. A poor little attic room in the house at the corner of the Kohlmarkt gave shelter to Joseph Haydn when he left the Vienna Choir Boys.

62. *Stallburggasse and St. Michael's Church* (I.). This church dates from the early 13th century and its interior has preserved its old character. Its façade was built in 1792. The finest view of its steeple can be enjoyed from the Stallburggasse.

63. *The Heroes' Square* (I.). This wide open square is dominated by Anton Fernkorn's two equestrian statues of Prince Eugene and Archduke Charles. It is closed off towards the Ring by the Outer Palace Gate, the only city gate preserved; it has now been turned into a War Memorial.

64. *Inner City and Imperial Palace* (I.). This aerial view presents a section of the city with some of the representative buildings on the Ringstrasse and the spire of St. Stephen's soaring above the others.

65. *The Federal Chancellery* (I., Ballhausplatz). For decades this building, constructed to a design by Lukas von Hildebrandt during the reign of Maria Theresa, was the home of two of Austria's greatest statesmen: Kaunitz and Metternich. The Congress of Vienna held its meetings here in 1815.

66. *Liechtenstein Town Palace* (I., Bankgasse 9). This building was completed in 1705. The magnificent decoration of the interior, its treasures of art, technical curiosities and mechanical devices were widely known.

67. *Church of the Minors* (Minoritenkirche). This church, founded by the Babenberg dukes in the early 13th century, was enlarged under the Habsburgs and finished in 1447. The tower lost its Baroque steeple during the Turkish siege of 1683 and was given a temporary roofing which it has kept to this very day. The interior contains a mosaic copy of Lionardo's "Last Supper".

68. *Baroque Annex to the Church of the Minors.* This attractive little house clinging to the austere façade of the church dates from the second half of the 18th century.

69. *Trautson Palace* (VII., Museumstrasse 7). This magnificent building which became a model for many Baroque palaces in Austria and Germany, is a work of Fischer von Erlach the Elder. The main façade gains its character from the strongly bulging central projection. The portal, the entrance hall and the staircase are remarkable.

70. *Church of the Piarist Fathers* (VIII., Jodok-Fink-Platz). The parish church of "Maria Treu" is a work by Lukas von Hildebrandt. The interior of its flat dome carries a fresco by the Austrian Baroque painter Anton Maulpertsch. The handsome Baroque church is flanked by the conventual and school buildings.

71. *The Ringstrasse* (I.). The "Ring", as it is usually called, encircles the Inner City. This magnificent avenue was built on the site of the former city fortifications. It is lined by the imposing buildings of the cultural institutions and other edifices in various styles in alternation with beautiful gardens. The picture shows the impressive Parliament building, erected in classical style in 1873—1883, with the white marble statue of Pallas Athene standing in front of it. The building harbours the two legislative bodies of the Austrian Republic, the Lower House (Nationalrat) and the Upper House (Bundesrat). The Ringstrasse is further lined by the two museums which were constructed in Italianate style by the architects Karl Freiherr von Hasenauer and Gottfried Semper in 1872—1881 and which are almost identical in appearance. The collections harboured by them rank among the largest and most outstanding ones in the world. The Kunsthistorisches Museum contains the Egyptian Collection, the Collection of Antiquities including a Numismatic Departement, the Collection of Sculpture and Works of Art whose objects date from the Middle-Ages and the Renaissance, the Collection of Arms and Armour, the Epigraphic Collection with Greek and Roman tablets and inscriptions, and the Picture Gallery with its masterpieces of Italian, French, Flemish, German and Spanish paintings as well as paintings by modern masters, watercolours, drawings and cartoons. The Museum of Natural History harbours the Collections of Mineralogy and Petrography, the Prehistoric Collection, the Ethnological Collection and the Zoological and Botanical Collections.

72. *Burgtheater* (I., Dr. Karl Lueger Ring). The new and splendid building of the Burgtheater on the Ring was constructed in 1874—1888 by Gottfried Semper and Karl Hasenauer on a site formerly occupied by city fortifications. It already bore the distinct mark of a modern theatre building. At the end of the Second World War it was heavily damaged and its back part and audience were destroyed. Its reconstruction took ten years. It was re-opened by an official ceremony which stands out in Vienna's theatrical history on October 14th

1955. The wide open square of the Rathausplatz extends opposite.

73. *City Hall. The Reception Hall.* The reception hall, the largest room of the building, is surrounded by galleries and furnished in blue-and-gold. Brightly lit and decorated with flowers it is a magnificent frame for the receptions of the Municipality. The view from its windows over the Ringstrasse is a particularly fine.

74. *The City Hall* (I., Rathausplatz). This impressive building in neo-Gothic style is a compound of numerous architectural units and owes its existence to Friedrich von Schmidt. A big block with seven courtyards stretches behind the wide façade. Its tower, more than 300 feet high and surmounted by the "Eiserne Rathausmann", is one of the symbols of Vienna.

75. *University Building* (I., Dr.-Karl-Lueger-Ring). The new University building was completed by Heinrich von Ferstel in 1883. Many of the professors who have taught here, have made noteworthy contributions to new branches of the sciences and humanities. The Vienna medical school has acquired world-wide fame. The tradition of the "alma mater Rudolfina", second of German universities in age, is thus carried on within its walls.

76. *House in the Schreyvogelgasse* (I., Schreyvogelgasse 10). This ancient little house is built on the Mölkerbastei which is said to have been one of the main objectives of Turkish attacks during the Turkish siege of 1683. It is believed that Schubert made music with the lovely sisters Tschöll in this house.

77. *Schoenbrunn* (XIII.). The Palace of Schoenbrunn, built by Fischer von Erlach the Elder, goes back to a commission by Leopold I who also had the park re-arranged in French style. But it is Maria Theresa to whom Schoenbrunn owes its present shape. This favourite residence of the Habsburgs is rich in historical associations. It is here that the infant-prodigy Mozart played to the empress, that Joseph II celebrated his wedding, that Napoleon resided and signed the Peace Treaty of Schoenbrunn and that his son, the Duke of Reichstadt, died. The last event of importance it saw was the sixtieth anniversary of Francis Joseph's succession to the throne.

78. *Schoenbrunn. The Gardens.* The present layout of the park goes back to Maria Theresa who had the Baroque formal garden remodelled by the Dutch landscape gardener Adrian van Stekhoven.

79. *Schoenbrunn. The Gloriette.* The graceful Gloriette, built in neo-classical style by Ferdinand von Hohenberg in 1775, ends off the gardens in a fascinating manner and offers an incomparable view of the town.

80/81. *Schoenbrunn. The Interior.* Maria Theresa had the interior of Schoenbrunn lavishly decorated by Nikolaus Paccassi and other architects. The "Marble Room" and the "Feketin Room", popularly called "the Millions' Room" panelled in Chinese rosewood, are of particular beauty.

82. *Kunsthistorisches Museum. Collection of Old Musical Instruments* (I., Neue Hofburg). This collection numbers about 360 items. It includes very rare and valuable instruments and gives a complete picture of the development of the modern orchestra.

83. *The Crown of the Holy Roman Empire* (Weltliche Schatzkammer, I., Hofburg, Schweizerhof). For almost a thousand years this crown has been the symbol of the highest of secular powers. It was probably made for the coronation of Otto the Great and was subsequently used for the coronations of all the heads of the Holy Roman Empire.

It is the most outstanding piece of the Insignia of the Holy Romans Empire, the only regalia which have been preserved practically intact. Their main objects date from the high days of the Middle-Ages.

84. *The Imperial Crown of Rudolph II.* (Weltliche Schatzkammer, I., Hofburg, Schweizerhof, Säulenstiege). After 1424 the monarchs were only permitted to wear the crown of the Holy Roman Empire at their coronation, so that they had to use private regalia for all other occasions. This crown of the Habsburgs symbolized the three offices of Rudolph II as Head of the Holy Roman Empire, King of Bohemia and King of Hungary. When the new state of Austria was proclaimed in 1804 Francis I declared this crown to be its official symbol.

85. *The Imperial Carriage of the Vienna Court* (XIII., Schloss Schönbrunn). The imperial carriage, a masterpiece of Viennese craftsmanship, is the most magnificent piece of the greatest collection of carriages in the world. It was used by the imperial family for festive occasions; the last person to use it was Charles I on the occasion of his coronation in Hungary in 1916.

86. *Kuenstlerhaus* (I., Karlsplatz 5). The first international arts exhibition arranged in this house — it was built in 1868 — was opened by Hans Makart, the painter. In the course of time the house has become a centre of Vienna's artistic life. In it works of Austrian and foreign artists are annually shown.

87. *Building of the Musikverein* (I., Bœsendorferstrasse 12). This building in neo-classical style, finished by Theophil Hansen in 1869, is especially dear to the Viennese as the scene of activity of the Vienna Philharmonic Orchestra. The concerts take place in three halls. The Gesellschaft der Musikfreunde, which owns the building, moreover has a large collection of musical instruments, music, manuscripts, portraits and autographs.

88. *Building of the Musikverein. The Big Hall.* Both the Vienna Philharmonic Orchestra and the Vienna Symphonic Orchestra play in this hall of the Musikverein building.

89. *The Room where Grillparzer lived and died* (I., Spiegelgasse 21). The apartment of Austria's gretaest poet and dramatist was as simple and modest as his life. The interior of the house fell a victim to the flames in 1945.

90. *Mozart Memorial House* (I., Domgasse 5). Mozart lived in this house from 1784 to 1787. This is where he composed his "Marriage of Figaro" in the hey-day of his creative power.

91/92. *Beethoven's House at Heiligenstadt* (XIX., Pfarrplatz 2). Beethoven lived in this wine-grower's house with its plain courtyard, typical for the vine-growing villages of the environs, during the summer of 1817. It is not the only house in Vienna which prides itself on having been inhabited by the composer, as Beethoven frequently used to change his residence.

93. *Schubert's Birth-Place* (IX., Nussdorfer Strasse 54). The picturesque courtyard of this modest two-storeyed house on the former "Himmelpfortgrund", and the tiny garden with the green summer-house saw the boyhood of Franz Schubert, who became the creator of immortal music and one of the worlds greatest composers of "lieder".

94. *The Vienna Choir Boys.* The history of the famous Vienna choir boys can be traced back to the end of the 15th century. The boys can be heard in the Burgkapelle during high mass on Sundays. Extensive tours of all continents have contributed to the popularity fo Vienna's music and their own.

95. *Ball of the Vienna Philharmonic Orchestra.* At the ball of the Philharmonic Orchestra, one of Vienna's greatest social events, the orchestra, otherwise dedicated to serious music, renders homage to Strauss, the King of the Waltz and other composers of light music.

96. *The Summer House of the Strauss Family* (XIX., Am Dreimarkstein 13). The summer house where Johann Strauss secretly played his first waltzes at the age of six, rises on the slopes of the vineyards of Salmannsdorf, a pleasant village on the outskirts of the city.

97/98. *Municipal School for Fashion Design* (XII., Hetzendorfer Strasse 72). The palace of Hetzendorf originally resembled Schoenbrunn, but this similarity has disappeared as a result of repeated architectural alterations. In its interior, the Rococo style has partly been preserved. The fashion school, of international fame and very ambitious in its artistic aims, has been established in it since 1946.

99. *Vienna Arts and Crafts.* Cabinet-making, goldsmith's work and porcelain manufacture were already flourishing in Vienna during the 18th century. In the course of the 19th century the manufacture of silver-, bronze- and leather goods, fabric-printing, glass and enamel painting rose to special importance. After the First World War, first-rate material and workmanship were given preference over decorative shape and ornament. The Vienna Tapestry Factory was revived in 1921, the Augarten Porcelain Factory in 1924.

100. *Viennese Women.* The Viennese poet Josef Weinheber has sung the praise of Viennese womanhood in a poem the style, metre and rhythm of which eulogize the natural beauty, charm and grace to be found in the daughters of music-inspired Vienna.

101. *"Gugelhupf", a Vienna Coffee Cake.* This has been one of the most popular of Vienna "Mehlspeisen" ever since the old days. The cake has a central funnel-shaped hole.

102. *Panorama from the Hochhaus* (I., Herrengasse 6—8). This building is situated right in the centre of the town. From its top, which is accessible to the public, it offers a striking view of the narrow streets of the Inner City with its domes and spires and over the Vienna Woods.

103. *Vienna Rolls.* The most popular varieties of Viennese rolls, favoured alike by the Viennese and the foreigners, are the "Kipfel", shaped on the model of the Turkish crescent, the quinquepartite "Semmel", the coarser "Schusterlaiberl" and the savoury "Salzstangel".

104. *Café Terrace on the Hochhaus* (I., Herrengasse 6—8). Both by day and night this café affords the most striking view over the roofs of Vienna and its lovely environs. The Vienna café is one of the characteristic institutions of the city.

105. *Technical Museum for Industries and Crafts* (XIV., Mariahilfer Strasse 212). The collections of the Technical Museum for Industries and Crafts which was opened in 1918, number more than 250,000 items. Some remarkable Austrian inventions and discoveries are illustrated by the Nos. 106—109.

106. *The first Petrol-driven Automobile, built by Marcus. Technical Museum.* This vehicle was built in 1875 and has the essentials of a modern car. The horizontal one-cylinder fourcycle engine was provided with a mechanism similar to our nozzle carburettor and with an electric ignition.

107. *Lilienthal's Glider and the "Etrich-Dove". Technical Museum.* Etrich's one-deck plane was used for cross-country flights as early as 1910 and set up many records in international flying competitions. Lilienthal's glider was built in 1891.

108. *Typewriter built by Mitterhofer. Technical Museum.* This is one of the oldest typewriters built. It was constructed by the Tyrolese carpenter Peter Mitterhofer about 1866 and has all the main features of the Remington typewriter built in America shortly afterwards.

109. *Sewing-machine built by Madersperger. Technical Museum.* The sewing-machine constructed by Josef Madersperger in 1839, the so-called "iron hand", is one of the most outstanding technical achievements of Austria. For the first time the eye was transferred to the point of the needle, a device which made it possible to sew by machine.

110. *Building of the "Secession"* (I., Friedrichstrasse 12). This building intended for exhibitions of modern art was constructed by J. Olbrich in 1898 and consciously avoids traditional lines. Its dome made of iron bay — leaves is particularly original.

111. *Postal Savings Bank* (I., Georg-Coch-Pl. 2). This building was constructed by the Vienna architect Otto Wagner in 1906. He abandoned every form of decorative ornament in favour of a functional arrangement of the interior. A direct line of architectural tradition leads from Wagner past Adolf Loos and Oskar Strnad to the functional buildings of the new Vienna.

112. *Otto Wagner Church Am Steinhof* (XVI.). Otto Wagner, who was born in Vienna in 1841, was the first architect in a German-speaking country to realize that the technical changes and the new problems of a town developing into a modern city must necessarily involve changes in architecture. He was highly appreciated abroad, but met with criticism in his own country. Along with numerous secular buildings he constructed the first modern church in 1906. Its dome shines out from its green suroundings and has become a landmark of Vienna.

113. *Distribution Centre for Children coming under municipal care.* This house offers a pleasant home to children who are to come under the permanent care of the Municipality. About 100,000 children have been looked after since its opening in 1925.

114. *Broadcasting House* (IV., Argentinierstrasse 30a). The broadcasting house is representative of Vienna's architecture towards the end of the First Republic. It was designed by Clemens Holzmeister. Modern studios and all the necessary equipment combine into making it thoroughly up-to-date.

115. *Werkbund Colony* (XIII., Jagdschlossgasse). These modern single-family houses were built by the Municipality in 1923. They are situated in the neighbourhood of the Lainzer Tierpark, a large park with game freely accessible to the public.

116. *Municipal Tenement Blocks, Karl-Marx-Hof* (XIX., Heiligenstädter Strasse 82—92). This huge building block with its façade measuring about a mile offers accomodation to 1382 families. It harbours important social institutions such as kindergartens, a dental clinic for school children, laundries, baths, shops and exhibition rooms. The Karl-Marx-Hof introduced a new era in municipal building.

117. *Municipal Tenement Blocks Kapaunplatz* (XX., Engelsplatz). This big tenement block originated in two building periods, 1930—1933 and 1949—1952. It comprises about 2,500 flats, common rooms, a maternity centre, shops, children's playgrounds, a plashing pool for children, a central bath establishment, a central laundry, a restaurant, and a Froebel kindergarten. It is a district of its own for 8,000 people.

118. *The Workers' Casualty Hospital* am Wienerberg (XI.). was built so that expert medical treatment following the latest methods of accidental surgery should be given to casualties. All its institutions aim at a quick rehabilitation of the patient. The hospital owns four operating theatres and a modern gymnasium. Whenever it is possible training takes place in the open air. Every worker, employee or independent person earning a living who is insured against casualty receives free treatment here.

119. *Western Railway Station* (XV., Neubauguertel). The Western Railway Station was destroyed during the War and completely rebuilt in 1953.

120. *Municipal Tenement Blocks Einstein Hof* (VI., Mollardgasse 30—32). This building is an example of a tenement block of smaller size erected in a densely populated part of the city. It holds 188 flats, a kindergarten, studios, garages, office and shop premises. Nor have lawns been omitted.

121. *Home for Old-age Pensioners Steinitz Hof* (XIII., Auhofstrasse). A tenement block was provided with service flats which enable old people to go on living in a peaceful household of their own without losing contact with their surroundings. It is planned to create twelve homes of this kind by the end of 1956.

122. *Municipal Kindergarten for Backward Children, called "Swiss Donation"* (XIV., Auer-Welsbach-Park, Schlossallee 2). This kindergarten for physically and mentally backward children was built with the support of a donation from Switzerland. It stands in a public garden and is under the care of a personnel specially trained to give physical and psychological treatment. The Juvenile Department of the Municipality is in charge of 176 kindergartens and children's homes, all run by an expert staff.

123. *Congress Colony* (XIII., Dr. Schober Strasse 6—10, Burgenlandstrasse 4—12, Elisabethstrasse 3—27). Owing to its detached building system this colony with its two-storeyed houses, social institutions, gardens and playgrounds fits in harmoniously with the neighbouring Vienna Woods. It offers an ideal home, especially to families with numerous children.

124. *Municipal Primary School, "Basle School", Siebenhirten* (XXV., Weichselbaumgasse). This modern country school was given its name in grateful remembrance of the help by which the inhabitants of Basle saved the children of this village from starvation and disease in 1945.

125. *Sky-scraper on the Ring* (I., Schottenring 30). This highest of Vienna sky-scrapers with its twenty floors was built to a design by Professor E. Boltenstern in 1955. It ends off the Ringstrasse and thus provides the architectural terminating point required by Vienna's magnificent avenue. After dark signals from a mast on its top project the weather forecast for the next day.

126. *Residential Building Mommsengasse* (IV., Mommsengasse 6). An Austrian bank constructed this residential building for its employees with the support of public subsidies in a densely populated part of the city. Its clear-cut forms make it stand out against its surroundings.

127. *Fair Buildings in the Prater.* Vienna has owned the right of holding markets ever since the 13th century, a right which only expired when the new trade regulations of 1859 came into force. The first Vienna Sample Fair took place in 1921; it has developed into a permanent institution of Austria's economic life. After the break caused by the Second World War the first fair held in times of peace was opened on the grounds of the Prater in 1946.

128. *Embankment of the Danube Canal* (I., Franz Josefs Kai). This section of the city which was particularly damaged by war, has only been partly re-built. Parking grounds and lawns have taken the place of former compact building blocks. They make parts of the old town which are of architectural interest stand out attractively, as e. g. St. Rupert's Church, the oldest Vienna church built in Romanesque style, and the streets round the Griechengasse. It is intended to build sky-scrapers on its prominent sites. The re-arrangement of the embankment meets the functional demands of modern traffic without destroying the atmosphere of a historical district.

129. *A Municipal Children's Splashing Pool.* These splashing pools which are not to be found in any other town, are freely available to children from six to fourteen years. There are about twenty of them in the Vienna parks.

130. *Market Scene.* The Municipal Market Department administers 42 markets. Of 36 retail markets 33 are held on public squares or streets while three of them are indoor markets.

131. *Municipal Lido "Gänsehäufel"* (XXI.). The Gänsehäufel, situated on a wooded island in the Old Danube, has a beach of more than a mile's length. The visitor thus does not find himself in the middle of a crowd, but can find rest in natural surroundings. There are shops and a restaurant on the main square; the pool with artifical waves, the children's pool and the sports centre with its gymnastic equipment are specially remarkable.

132. *The Theresienbad* (XII., Hufelandgasse 3). This municipal bath was constructed in 1956 on the site of a hot spring already known to the Romans. It contains a covered pool fed by this spring which can accomodate about 300 people, and an open-air swimming pool. The waste water is used for the heating of the building via conduits in the floor. The total technical equipment is operated from one control panel.

133. *Swimming Pool in the Stadium* (II.). The swimming pool on the Prater sports grounds with its numerous green fields for rest, its training pool for sports competitions and the paddling pool is a popular week-end resort of the Viennese.

134. *Football Match in the Stadium* (II., Prater, Krieau). The Vienna Stadium where the international matches, and other important football events take place, can accomodate more than 60,000 visitors. Association football is very popular with the Viennese.

135. *The Big Wheel* (II., Volksprater). The Big Wheel, built shortly before 1900, has become a landmark of Vienna. The cars afford a fine view of the town and its environs.

136. *Midget Railway* (II., Volksprater). The midget railway is one of the attractions of the "Wurstelprater", the pleasure grounds with the Big Wheel, the merry-go-rounds, the "grotto-railway" and numerous stalls which grew up on the wooded grounds and fields of the Prater.

137. *On the Old Danube* (XXI. and XXII.). The Old Danube, surrounded by attractive landscape, is a former branch of the Danube river and has become a popular spot for all sorts of water sports. The name "Blue Danube" frequently applies better to these waters than to those of the main river.

138. *Chestnut Blossoms in the Prater* (II., Hauptallee). The main avenue leading from the Praterstern to the Lusthaus, a former imperial shooting lodge, runs close past the Fair grounds, the Heustadelwasser and other lovely river scenery. Prater fetes such as the traditional flower battle use to end here.

139. *Winter Sports on the outskirts of the City.* The situation of the city has made skiing a general sport of the Viennese who have always lived in close contact with the Vienna Woods. The variety of the terrain gives the sportsman ample opportunity for recreation.

140. *Ice Floes on the Danube.* There is pack-ice on the Danube almost every year, but in very severe winters, the blocked ice pushes upstream from the east past Vienna towards the west. The river then turns into a frozen arctic landscape which can be crossed even by heavy lorries.

141. *The Stadtpark* (I.). This is one of the most attractive of Vienna's gardens. It encloses the monuments of Bruckner, Johann Strauss and Schubert.

142. *Drinking New Wine ("Heuriger").* The vine area round Vienna measures 1482 acres. Ever since the 3rd century, when the emperor Probus is said to have brought vines to Vienna, the system of working the vineyards has remained practically unchanged. The vineyards lie mainly in the neighbourhoud of Grinzing, Heiligenstadt, Nussdorf, Sievering, Neustift am Walde, Perchtoldsdorf, and Gumpoldskirchen.

143. *Old Courtyard at Grinzing* (XIX.). Grinzing was a prosperous village as early as 1110, but was destroyed several times in the course of the centuries. It was only after the Napoleonic wars that it was able to recover economically, a recovery in which the famous Grinzing wine played an essential part.

144. *On the Kahlenberg* (XIX.). This spot which commands one of the finest views of Vienna used to be a monks' hermitage which was suppressed by Joseph II. It was from this hill that the liberating armies descended to relieve Vienna from the Turks in 1683. The terrace of the modern restaurant affords a wide view over the city right down to the range of the Little Carpathians and to the Schneeberg massif.

145. *Kahlenbergerdorf* (XIX.). Kahlenbergerdorf, one of the most attractive little villages in the precincts of Vienna, was repeatedly the victim of enemy attacks. The church was originally built in Gothic style, but underwent Baroque alterations. A picturesque flight of steps leads up to it. The romantic little churchyard which contains only a few tombs is worth seeing.

146. *The Leopoldsberg* (XIX.). The castle on the Leopoldsberg was the summer residence of the Babenberg dukes after they had made Vienna their capital. In memory of the liberation of Vienna from the Turks in 1683 Leopold I built a chapel dedicated to his patron saint. In 1712 Charles VI gave the chapel its present shape.

147. *Klosterneuburg near Vienna.* The history of this magnificent establishment of Augustinian canons goes back to 1106. The Babenberg dukes, who were the founders of the collegiate buildings and the church, resided here. Later on Charles VI intended to make it an imposing residence on the model of the Escorial. The abbey underwent its last alteration at about the middle of the 18th century. The collegiate buildings and the church hold treasures of art of great value, amongst them the unique and famous "Verdun altar". The day of St. Leopold, its patron saint, (November 15th) is celebrated by a national fête in which the famous

"Fasselrutschen" (sliding down a huge old wine barrel) plays an essential part.

148. *The Castle of Liechtenstein near Vienna.* This castle whose foundations date from the 12th century and which was remarkable for the fact that the residential tower and the chapel were covered by the same roof, had to resist numerous sieges. A few decades ago the reigning prince of Liechtenstein had it rebuilt to the old plans.

149. *Vienna Water-Conduit in the Schneeberg Region.* There are two water conduits supplying water to the town. The first one is fed by the springs of the Rax and Schneeberg area, about fifty miles from Vienna; the second conduit is fed by the waters of the Hochschwab massif. The Schneeberg, which is roughly 6,800 feet high and one hour by car from Vienna, is a popular objective for Vienna's tourists and skiers.

150. *The Abbey of Melk, Lower Austria.* Originally built by the Babenberg dukes as their place of residence, Melk was later turned into a fortified abbey and took on its present shape in the early 18th century. It is one of the outstanding examples of Baroque architecture in Austria. The library with its 80,000 volumes contains many books of great value, but the abbey's greatest treasure is the so-called "Melk cross", a famous piece of Austrian goldsmith's craftmanship.

151. *Duernstein in the Wachau, Lower Austria.* It is in this castle, whose ruins rise above the picturesque little town on the Danube, that Richard Coeur de Lion was kept prisoner. He had given deadly offence to the Austrian ruler, the Duke of Babenberg, after the battle of St. Jean d'Acre. Duernstein was a dreaded stronghold of robber-barons. Both the castle and the town were destroyed by the Swedes in 1645. The church, built by Josef Mungenast in 1725, is one of the loveliest of Austria's Baroque churches. Duernstein's wine is appreciated by connoisseurs.

NOTES

1. *Vienne vue des terrasses du Belvédère.* La résidence d'été du prince Eugène de Savoie domine un site incomparable. Encadrées par les collines du Wienerwald, se détachent au centre la flèche de la cathédrale Saint-Etienne, à gauche la coupole de l'église Saint-Charles et à droite celle de l'église des Visitandines. Le parc est un chef-d'œuvre du jardin à la française.

2. *Le Belvédère supérieur, façade sur la cour* (III., Prinz-Eugen-Strasse). Construit de 1721 à 1724 par Lucas von Hildebrandt, le palais d'été du prince Eugène est un magnifique exemple du baroque tardif. On y donnait de grandes fêtes et des réceptions. Acquis par la Cour en 1752, le Belvédère abrita par la suite la Galerie impériale de peinture. Il renferme de nos jours la «Galerie du Dix-Neuvième Siècle», cependant que l'Orangerie du palais est occupée par le Musée de l'Art autrichien du Moyen Age.

3. *Grille du Belvédère supérieur.* Derrière la grille en fer forgé, merveille de l'artisanat baroque, exécutée en 1728 d'après les dessins de Hildebrandt, s'étend un jardin botanique où l'on cultive des plantes alpines rares. — Le grand compositeur Anton Bruckner est mort en 1896 dans une des ailes du château.

4. *Vestibule du Belvédère supérieur («Sala terrena»).* Le vestibule («Sala terrena») forme une riche salle d'apparat, dont le plafond est supporté par quatre puissants atlantes. Parmi les appartements du palais on relèvera surtout la grande salle de marbre, où fut signé, le 15 mai 1955, le traité d'Etat qui rétablissait la souveraineté de l'Autriche.

5. *Le Belvédère inférieur.* Egalement construit par Hildebrandt, le Belvédère inférieur servait d'habitation au prince Eugène durant la belle saison. On admirera l'ordonnance mouvementée de la façade qui entoure la cour d'honneur, le portail en arc de triomphe et l'élégante façade sur le jardin. Le Belvédère inférieur renferme aujourd'hui le Musée du Baroque autrichien.

6. *Le Palais Schwarzenberg* (III., Schwarzenbergplatz). Commencé en 1704 par Lucas von Hildebrandt, il fut achevé par Fischer von Erlach le jeune. L'avant-corps ovale domine la façade sur le jardin; un peu en retrait, il est surmonté d'une petite corniche. Décoration intérieure de Daniel Gran. Par derrière, magnifique jardin à la française.

7. *Palais Schwarzenberg, salle à coupole.* Cette superbe salle, un des joyaux du baroque viennois, a été conçue par Fischer von Erlach le jeune.

8. *Ecole Polytechnique* (Technische Hochschule; IV., Karlsplatz). Edifice de style néo-classique, à la longue façade, sobre mais de proportions harmonieuses. A l'intérieur, riche salle des fêtes, s'élevant sur deux étages. Le long du bâtiment se détache une file de bustes représentant les maîtres qui ont illustré l'Ecole. Fondée en 1816, cette pépinière d'ingénieurs et de techniciens comprend cinq facultés.

9. *Eglise Saint-Charles* (IV., Karlsplatz). C'est la plus grande église viennoise à coupole et c'est aussi, après la cathédrale Saint-Etienne, le sanctuaire le plus important de la capitale.

La «Karlskirche» doit ses origines à un vœu fait par l'empereur Charles VI pendant l'épidémie de peste de 1713; chef-d'œuvre de J.-B. Fischer von Erlach l'aîné, elle fut construite de 1716 à 1737.

10. *L'Opéra* (I., Opernring). Terminé en 1869, l'Opéra abrite une des premières scènes lyriques du monde. Les plus grands compositeurs vinrent y diriger l'exécution de leurs œuvres, notamment Verdi celle de son «Requiem» et Wagner celle de «Lohengrin». Chefs d'orchestre, musiciens, chanteurs et ballet de l'Opéra de Vienne jouissent d'une réputation universelle.

11. *Grand escalier de l'Opéra.* Le fastueux édifice fut érigé de 1863 à 1869 par Ed. van der Null et Aug. Siccardsburg, dans le style de la Renaissance française. Détruit par une bombe en 1945, le somptueux escalier a été reconstruit depuis. — La réouverture solennelle de l'Opéra, en automne 1955, fut un événement mémorable pour les amateurs de musique du monde entier.

12. *Vue du Ring sur la Kärntnerstrasse.* Cette rue très commerçante est une des principales artères de la ville. Son tracé remonte à l'époque romaine; elle traversait autrefois la «Kärntnertor», la porte de Carinthie. — Le goût viennois triomphe dans les devantures des magasins élégants de la Kärntnerstrasse.

13. *Le «Stock im Eisen» («souche ferrée»;* I., Stock-im-Eisen-Platz 3—4). La légende rapporte que tous les compagnons serruriers ambulants enfonçaient un clou dans ce tronc d'arbre, mentionné pour la première fois en 1533; la souche de pin, curieusement disposée les racines en l'air, est un vieil emblème de Vienne.

14. *Académie des Beaux-Arts* (I., Schillerplatz). L'Académie, fondée en 1692, est la plus ancienne école publique des Beaux-Arts de l'Europe centrale. Le bâtiment actuel, de style néo-classique, est dû à Th. Hansen, qui le termina en 1876. A côté de ses salles de cours, il contient la galerie de tableaux la plus importante que possède une école des Beaux-Arts. L'enseignement embrasse la peinture, les arts graphiques, la sculpture, l'architecture, les décors de théâtre, les arts décoratifs, la restauration des œuvres d'art, la technologie et l'éducation artistique.

15. *La cathédrale Saint-Etienne* (I., Stephansplatz). Il a fallu plusieurs siècles pour ériger la cathédrale Saint-Etienne. Les dynasties des Babenberg et des Habsbourg prirent une part active à l'édification du sanctuaire, dont les débuts remontent au milieu du XIIe siècle. Le siècle suivant vit naître une basilique entièrement nouvelle, le dernier monument important du style roman tardif; il ne nous en reste que la façade occidentale avec la «Porte des Géants» (Riesentor) et les deux «Tours des Païens» (Heidentürme), que les architectes du XIVe et du XVe siècle devaient incorporer telles quelles à la façade gothique. Le troisième édifice, purement ogival, est le plus bel exemple d'une église à trois nefs égales que nous offre l'Autriche. La façade latérale Sud, avec ses riches pignons décoratifs, est reliée à la tour, bâtie en hors-d'œuvre à droite du transept et qui s'élève à une hauteur de 137 mètres. De la «chambrette de la vigie», perchée bien haut dans la tour, le regard embrasse Vienne et ses environs. La plus grosse cloche du pays, la «Pummerin» — refondue après la guerre — sera logée dans la «tour de l'Aigle» (Adlerturm), la tour Nord inachevée. — La cathédrale Saint-Etienne domine la ville, dont elle est le cœur et le symbole. — Au cours des combats pour Vienne, le vénérable sanctuaire fut gravement endommagé par le feu de l'artillerie et par l'incendie. Toute la population contribua aux travaux de reconstruction.

16. *Intérieur de la cathédrale Saint-Etienne.* La nef et le chœur reposent sur des piliers ornés d'importantes statues gothiques. Chaire remarquable, avec portrait de maître Pilgram par lui-même. Le caractère médiéval de l'édifice sacré, les superbes monuments gothiques et baroques qu'il abrite confèrent à l'intérieur de la cathédrale un aspect de grandeur et de majesté.

17. *Cathédrale Saint-Etienne, porte des Géants.* Chef-d'œuvre de l'école de Basse-Autriche, cette porte, qui date de la seconde moitié du XIIIe siècle, est richement ornée de bas-reliefs du style roman tardif. Au moyen âge, les deux barres de fer fixées au mur servaient d'étalons pour les mesures de longueur.

18. *Cathédrale Saint-Etienne, tombeau de l'empereur Frédéric III.* Cet important monument funéraire en marbre rouge fut commencé dès 1467, du vivant de l'Empereur et sur son ordre, et ne fut achevé qu'en 1513. De magnifiques bas-reliefs ornent les côtés du sarcophage. L'effigie de l'empereur gisant est d'une grande beauté.

19. *Cathédrale Saint-Etienne, autel de Wiener Neustadt.* Le retable, gothique secondaire, provient de Viktring en Carinthie; il termine désormais la nef latérale gauche. Riches sculptures sur bois et intéressants volets peints.

20. *La colonne de la Trinité sur le Graben* (I.). La colonne, consacrée à la Sainte-Trinité, fut érigée sous Léopold Ier en souvenir de la peste qui avait ravagé Vienne en 1679. Fischer von Erlach l'aîné exécuta les bas-reliefs du socle. L'extrême richesse de la décoration et l'abondance des sculptures en font une des œuvres les plus exubérantes du baroque autrichien.

21. *Le Graben* (I.). Cette place allongée, une des artères les plus animées de la Vienne moderne, formait jusqu'à la fin du XIIe siècle une partie des fossés de l'ancien camp romain. Un marché s'y tenait au moyen âge; plus tard, le Graben fut le théâtre de manifestations religieuses et de fêtes de la Cour.

22. *Eglise des Neuf Chœurs des Anges et colonne de la Vierge* (I., Am Hof). Malgré son frontispice baroque, l'église, bâtie de 1386 à 1405, a essentiellement conservé son caractère gothique. De la terrasse (ou loggia), le pape Pie VI donna sa bénédiction aux Viennois, lors de la visite qu'il fit à l'empereur Joseph II. — Pour remercier la Vierge d'avoir préservé Vienne des troupes suédoises, l'empereur Ferdinand III fit élever en 1647, devant l'église, la colonne de l'Immaculée Conception.

23. *Maison bourgeoise sur la place Am Hof* (I., Am Hof 12). Avec ses deux oriels (pièces en saillie) au-dessus de la porte en plein cintre et avec son abondante décoration, c'est là une des plus belles demeures bourgeoises du baroque viennois.

24. *Le Palais Kinsky* (I., Freyung 4). Magnifique hôtel aristocratique construit par Lucas von Hildebrandt. Signalons le vestibule à coupole et à décoration figurale en stuc, l'escalier monumental orné de sculptures et la grande salle ovale au-dessus du vestibule.

25. *Escalier du Palais Kinsky.* Le génie de l'architecte lui a permis de résoudre la question de l'espace qui lui était mesuré, en concevant cet escalier à une seule volée, une des plus belles créations de l'art baroque. Des putti batifolant sur la balustrade de pierre donnent une sorte de rythme à la rampe de l'escalier.

26. *Le Hoher Markt (Marché Haut) avec la colonne de Saint-Joseph* (I.). Sur cette place, la plus ancienne de Vienne, s'élevait autrefois le prétoire romain, où résida l'empereur Marc-Aurèle et où il est probable qu'il mourut. Pendant tout le moyen âge, on y rendait la justice et l'on y exposait les criminels au pilori. Le centre de la place est occupé par un dais, appelé «colonne de Saint-Joseph», que Léopold Ier fit élever en exécution d'un vœu.

27. *L'ancien Hôtel de Ville* (I., Wipplingerstrasse 8). Sous sa forme actuelle, le vieil Hôtel de Ville doit avoir été construit par un élève de Fischer von Erlach. Mais l'histoire de l'édifice remonte au début du XIVe siècle. Elargi et transformé au cours des siècles par le ré-aménagement ou l'adjonction de divers corps de bâtiment, il forme aujourd'hui un ensemble architectural assez disparate. Le maître d'œuvre Lorenz von St. Stephan (Laurent de Saint-Etienne) érigea de 1455 à 1457 une modeste construction gothique, dont quelques vestiges subsistent jusqu'à nos jours. — La «Bürgerstube» (salle du Conseil), où délibéraient les échevins, fut aussi le théâtre d'exécutions capitales. Au moyen âge, la ville juive, qui formait une communauté autonome supprimée en 1422, s'étendait jusqu'à cette partie de la Cité. — A l'heure actuelle, l'immeuble est le siège de différents services municipaux.

28. *Eglise Notre-Dame-du-Rivage (Maria am Gestade;* I., Passauer Platz). Cette église, fondée en 1158 et reconstruite au XVe siècle, est un des principaux monuments gothiques de Vienne. Sa gracieuse tour pentagonale, coiffée d'une coupole ajourée, et son ravissant portail aux baldaquins de pierre ornés de statues font de «Maria am Gestade» une merveille du style flamboyant.

29. *Eglise Saint-Robert* (I., Ruprechtsplatz). La plus ancienne église de Vienne. Selon la tradition, des mariniers salzbourgeois l'auraient fondée en l'an 740. L'édifice semble remonter au XIe siècle, mais il doit aux deux siècles suivants son aspect actuel, où les éléments de style roman voisinent avec ceux du gothique. Les transformations ultérieures ont permis de découvrir à plusieurs reprises des vestiges datant de l'époque romaine.

30. *La maison du Basilic dans la Schönlaterngasse* (I.). Diverses légendes se rattachent aux maisons de cette ruelle, maisons qui datent des différentes périodes du baroque viennois. C'est ainsi qu'en 1212, alors qu'on creusait un puits sur l'emplacement de l'actuel numéro 7, on aurait découvert un monstre qui exhalait des vapeurs suffocantes. Ce basilic a donné son nom à l'immeuble.

31. *Vieille cour dans la Bäckerstrasse* (I., Bäckerstrasse 7). A l'époque romaine, la longue avenue de l'Armée passait par ici et conduisait à Carnuntum, capitale de la province de Norique. Au moyen âge, la «rue des Boulangers» était une des principales voies commerçantes de la Cité. La maison numérotée du 7 possède une cour du XVIe siècle, un des rares monuments de la Renaissance qui se soient conservés à Vienne.

32. *Le Heiligenkreuzerhof (cour de Heiligenkreuz;* I., Schönlaterngasse 3—5). Mentionné pour la première fois dans un document de 1286, le «Hof» (résidence urbaine appartenant à un couvent) de l'abbaye de Heiligenkreuz a conservé le caractère spacieux propre à ces «cours» monastiques. Dans un coin de la cour, se trouve la superbe chapelle Saint-Bernard, ornée d'un tableau d'autel peint par Martin Altomonte et de sculptures dues à Giovanni Giuliani.

33. *La Griechengasse (rue des Grecs;* I.). Les maisons de la «rue des Grecs», qui remontent au XVe et au XVIe siècle, ont conservé leur cachet ancien. Seule de son espèce à Vienne, la tour gothique du numéro 7 (dans la cour) est encore habitée.

34. *L'ancienne Université et l'église des Jésuites* (I., Dr.-Ignaz-Seipel-Platz). L'église, située entre le Collège et l'Aula (Salle des Fêtes) de l'ancienne Université, appartient à la période initiale du baroque viennois. Fondée en 1365, deuxième en date parmi les grandes écoles des pays germaniques, l'Université de Vienne connut une belle floraison au XVe siècle et un nouvel apogée au XVIIe, sous les Jésuites. Le noble édifice de l'Aula, érigé sous Marie-Thérèse par le Lorrain Jadot de Ville-Issey, est aujourd'hui le siège de l'Académie des Sciences; pendant les troubles révolutionnaires de 1848, il fut le principal foyer de l'agitation estudiantine.

35. *Intérieur de l'église des Jésuites.* L'intérieur est du P. Andrea del Pozzo; nous y admirons les fresques du plafond, peintes en trompe-l'œil, le tableau d'autel, les colonnes torses en stuc, et la chaire en noyer sculpté, incrustée de nacre.

36. *Portail de la chapelle du Sauveur* (I., Salvatorgasse). Le portail, exécuté vers 1515, est un des rares monuments du XVIe siècle conservés à Vienne; il allie les formes gothiques à celles de la Renaissance lombarde, qui a inspiré le décor.

37. *Place des Franciscains* (I.). La fontaine de Moïse s'élève au milieu de cette place, qui est la plus petite de la Cité. Des éléments de style gothique se mêlent à ceux de la Renaissance dans l'architecture de l'église des Franciscains, érigée en 1611. L'intérieur est pourvu d'une décoration baroque luxuriante. Les orgues, richement sculptées, datent de 1642 et sont les plus anciennes de Vienne. Le magnifique maître-autel avec sa statue de la Madone (en bois), exécutée en Silésie, est un des plus beaux ornements de l'église.

38. *Fontaine du couvent des Dames de Savoie* (I., Johannesgasse 15). La fontaine en plomb, dans la cour du couvent des Dames Nobles de Savoie, est attribuée à F.-X. Messerschmidt. Elle représente la Veuve de Sarepta, dont la Bible rapporte que sa cruche à huile ne se tarissait jemais.

39. *Fontaine d'Andromède dans la cour de l'ancien Hôtel de Ville* (I., Wipplingerstrasse 8). Le bas-relief, exécuté par Raphaël Donner l'année de sa mort en 1741, allie la perfection décorative à l'harmonie classique des proportions. Il représente Persée délivrant Andromède.

40. *Palais d'hiver du prince Eugène; le portail* (I., Himmelpfortgasse 8). Le palais, un des monuments les plus prestigieux du baroque viennois, a été construit en trois étapes par Fischer von Erlach et Lucas von Hildebrandt, pour le prince Eugène de Savoie. Le grand capitaine l'habita pendant vingt-cinq hivers et y mourut en 1736. Quoique ses parties constitutives soient l'œuvre d'architectes différents, l'édifice présente une parfaite homogénéité. Le portail central est flanqué de bas-reliefs méplats illustrant des scènes de la mythologie grecque. Depuis 1848, le palais est occupé par le ministère des Finances.

41. *Palais d'hiver du prince Eugène; l'escalier.* La partie centrale du palais fut achevé en 1698 par Fischer von Erlach. Le palier de l'escalier est soutenu par quatre atlantes et orné d'une magnifique statue d'Hercule. Les atlantes et les bas-reliefs des piliers sont de Lorenzo Mattielli; les fresques mythologiques du plafond ont été peintes par Louis Dorigny.

42. *Palais d'hiver du prince Eugène; le vestibule.* Le vestibule conduit à la cour, où les carrosses venaient se ranger lors des grandes fêtes et des réceptions.

43. *Palais d'hiver du prince Eugène; le Salon bleu.* Dans le Salon bleu, un des superbes appartements du palais, les victoires du prince Eugène sont illustrées par des allégories dont la légende d'Hercule fournit le motif central.

44. *Eglise des Augustins, tombeau de l'archiduchesse Christine.* (I., Augustinerstrasse). Construite en 1339, l'ancienne église de la Cour fut plusieurs fois restaurée, en dernier lieu sous Joseph II. Le tombeau de l'archiduchesse Marie-Christine, œuvre néo-classique de Canova, orne le sévère édifice. C'est à l'église des Augustins que fut célébré en 1810 le mariage par procuration de Marie-Louise d'Autriche et de Napoléon Ier.

45. *La crypte des Capucins* (I., Neuer Markt). Cent quarante membres de la maison de Habsbourg reposent dans la crypte, confiée aux Capucins. Le magnifique sarcophage contient le double cercueil de l'impératrice Marie-Thérèse et de son époux François de Lorraine. L'austère cercueil de Joseph II forme un contraste saisissant avec ce monument, somptueux entre tous, de l'éphémère grandeur terrestre. La comtesse Fuchs, gouvernante de Marie-Thérèse, est la seule personne de rang non princier dont les restes furent accueillis parmi ceux des têtes couronnées.

46. *Eglise des Capucins.* Ce sobre édifice renferme deux chapelles latérales d'un grand intérêt artistique. Lors de sa visite à Joseph II en 1782, le pape Pie VI dit la messe à l'autel en marbre de la chapelle de gauche, dite de l'Empereur. (L'autel constitue la seule œuvre de la Renaissance italienne qui se soit conservée à Vienne.) A l'extérieur, monument à la mémoire du P. Marco d'Aviano, prédicateur sous le second siège de Vienne par les Turcs.

47. *Raphaël Donner. Fontaine du Neuer Markt (Marché Neuf; I.).* C'est l'œuvre la plus remarquable du sculpteur baroque Raphaël Donner. La figure du milieu, entourée de quatre enfants, représente la Providence. Sur la margelle du bassin, on voit des divinités fluviales, symbolisant quatre affluents du Danube.

48. *L'Albrechtsrampe* (I.). La rampe qui mène au palais du duc Albert de Saxe-Teschen est un reste de l'ancien bastion des Augustins. Devant le palais, qui abrite le cabinet d'estampes le plus précieux d'Autriche, l'Albertina, se dresse la statue équestre de l'archiduc Albert (Albrecht), le vainqueur de Custozza.

49/50. *Palais Lobkowitz. Façade et salle de «l'Eroica»* (I., Lobkowitzplatz). Les fêtes de ce congrès de Vienne dont le prince de Ligne disait que «le Congrès danse, mais il ne marche pas» eurent lieu dans le fastueux palais du prince de Lobkowitz. La Symphonie héroïque de Beethoven y fut exécutée pour la première fois. Les photographies reproduisent, l'une, la somptueuse salle de marbre et l'autre, la majestueuse façade avec son portail. Depuis 1945, le Palais Lobkowitz est le siège de l'Institut Français de Vienne.

51. *Grande salle de la Bibliothèque Nationale* (I., Josefsplatz). Cet édifice monumental mais sobre, exécuté par Fischer von Erlach l'aîné, contient des salles magnifiques dont la plus belle est certainement la Grande Salle. L'ancienne Bibliothèque de la Cour, que Charles VI rendit accessible au public, renferme des papyrus, des manuscrits et des incunables qui comptent parmi les plus importants du monde entier.

52. *La Josefsplatz (Place Joseph-II) et la Bibliothèque Nationale* (I.). Cette place aux nobles proportions est la plus harmonieuse de Vienne, grâce à la façade et aux deux ailes de la Bibliothèque Nationale, ainsi qu'au Palais Pallavicini. Au milieu, statue équestre en bronze de l'empereur Joseph II.

53. *Ecole d'équitation espagnole* (I., Hofburg). L'archiduc Charles, fils de Ferdinand Ier, fonda en 1550 le haras de Lipizza et fit amener en Autriche des chevaux de race espagnole. Ces nobles bêtes, d'une blancheur immaculée, naissent noires. Leurs séances de dressage sont renommées dans le monde entier. — Le Manège d'hiver de l'Ecole est le plus beau manège d'Europe. Construite par Fischer von Erlach le jeune (1729—1735), la salle était primitivement destinée aux séances de dressage des chevaux de Lipizza, mais elle servit aussi aux fêtes de la Cour, aux carrousels, aux redoutes et aux grands concerts.

54. *Palais Impérial (Hofburg), corps de logis dit «Michaelertrakt» (I.).* La façade incurvée du puissant édifice, couronné d'une haute coupole, occupe tout le côté méridional de la place Saint-Michel. Elle ne fut élevée qu'à la fin du XIXe siècle, d'après les plans de Fischer von Erlach le jeune, auxquels furent apportées certaines modifications. Les fontaines murales représentent la Puissance terrestre et la Puissance maritime.

55. *Hofburg, porte des Suisses (Schweizertor).* La porte des Suisses, le monument le plus caractéristique de la Renaissance viennoise, se trouve dans la partie la plus ancienne du palais; elle mène de la «Burghof» à la cour des Suisses. Le nom provient de la Garde suisse impériale, institution analogue aux Gardes suisses des rois de France.

56. *Hofburg, cour intérieure (Innerer Burghof).* La cour intérieure est entourée de bâtiments d'époques différentes. La chancellerie d'Empire, construite par Lucas von Hildebrandt et Fischer von Erlach le jeune, où se trouvaient les appartements du souverain, occupe le grand côté; l'«Amalientrakt» avec sa tourelle de style baroque primitif, s'élève sur le petit côté; le troisième côté est pris par le «Leopoldinischer Trakt», élargi à plusieurs reprises, et le quatrième par le «Schweizertrakt», le corps de logis des Suisses. Au centre de la place, statue en bronze de l'empereur François Ier.

57. *Monument de Mozart au Burggarten (I., Burgring).* La statue de Mozart, due au ciseau de Victor Tilgner et gravement endommagée pendant la guerre, a été restaurée en 1953 et placée au Burggarten. Ce parc, l'ancien jardin particulier de l'empereur, est ouvert au public depuis 1918.

58. *La Neue Hofburg (Nouveau Palais Impérial; I.).* Construit par Hasenauer sur les plans de Gottfried Semper, cet édifice grandiose en forme d'hémicycle occupe la moitié sud-est de la place des Héros (Heldenplatz), au centre de laquelle se dressent les statues équestres du prince Eugène et de l'archiduc

Charles. On avait prévu la construction d'un bâtiment symétrique de l'autre côté de la place, mais l'effondrement de la monarchie austro-hongroise empêcha la réalisation du projet.

59. *Cabinet du Président de la République (I., Hofburg).* Les fenêtres de la pièce, située dans le corps de logis du «Leopoldinischer Trakt», donnent sur la place des Héros. L'ameublement, très précieux, est en partie baroque et en partie rococo.

60. *Michaelertor (Porte Saint-Michel; I.).* Le portail du Michaelertrakt du Palais Impérial s'ouvre sur la place Saint-Michel et sur le Kohlmarkt.

61. *Michaelerplatz (Place Saint-Michel; I.).* Ce carrefour important est bordé par le corps de logis du Michaelertrakt avec sa coupole et par l'église Saint-Michel (Michaelerkirche). A gauche, sur la photographie, l'immeuble construit en 1910 par Adolf Loos, où se trouve appliqué pour la première fois un style moderne, dépouillé et «fonctionnel». — Après avoir quitté les Petits Chanteurs de Vienne, Joseph Haydn habita une modeste mansarde dans la maison qui fait le coin du Kohlmarkt (à droite sur la photo).

62. *La Stallburggasse et l'église Saint-Michel (I.).* L'église, qui date du début du XIIIe siècle, a conservé à l'intérieur son aspect original, tandis que la façade néo-classique est de 1792. De la Stallburggasse, on a un beau coup d'œil sur le clocher de Saint-Michel.

63. *Heldenplatz (Place des Héros; I.).* Les statues équestres du prince Eugène et de l'archiduc Charles, par Anton Fernkorn, s'élèvent sur la place des Héros, séparée du Ring par la porte dorique du Burgtor. C'est la seule porte qui reste des anciennes fortifications de Vienne; elle renferme aujourd'hui un monument aux soldats morts pour l'Autriche.

64. *La Cité avec le Palais Impérial (Hofburg).* Au premier plan de cette photographie aérienne, à dr., les Musées Nationaux; au centre, la place des Héros avec la Hofburg. Plus loin, la Cité de Vienne; au fond, la zone boisée du Prater, derrière laquelle se perd dans le lointain la plaine du Danube. La flèche de Saint-Etienne (au deuxième plan, à g.) domine les clochers des autres églises de la capitale.

65. *La Chancellerie Fédérale (I., Ballhausplatz).* Deux des principaux hommes d'état de l'Autriche impériale, Kaunitz et Metternich, ont résidé pendant de longues années dans ce palais, érigé sous Marie-Thérèse sur les plans de Lucas von Hildebrandt. C'est ici que se tint le congrès de Vienne (1814—1815).

66. *Palais d'hiver des princes de Liechtenstein* (I., Bankgasse 9). Achevé en 1705, ce magnifique hôtel était célèbre pour la richesse de son ameublement, pour les œuvres d'art, les curiosités techniques et les appareils mécaniques qu'il contenait.

67. *Eglise des Minorites (Frères Mineurs;* I., Minoritenplatz). La Minoritenkirche, fondée au début du XIII siècle sous les Babenberg, fut agrandie sous les Habsbourg et achevée en 1447. Pendant le siège de Vienne par les Turcs en 1683, le clocher perdit sa flèche baroque, remplacée jusqu'à ce jour par une toiture de fortune, elle-même devenue historique. — A l'intérieur, copie en mosaïque de la «Cène» de Léonard de Vinci.

68. *Annexe baroque de l'église des Minorites.* Le ravissant édicule, adossé à la sévère façade gothique, date de la seconde moitié du XVIII siècle.

69. *Palais Trautson* (VII., Museumstrasse 7). Ce noble édifice, œuvre de Fischer von Erlach l'aîné à l'apogée de son art, servit de modèle à des nombreux palais baroques d'Autriche et d'Allemagne. La façade principale se distingue par son imposant avant-corps central. Le portail, le vestibule et l'escalier ont grande allure.

70. *Piaristenkirche (Eglise des Piaristes;* VIII., Jodok-Fink-Platz). La coupole peu bombée de l'ancienne église des Piaristes (l'actuelle église paroissiale Maria Treu, N.-D. de la Fidélité) est ornée de fresques du peintre baroque autrichien Anton Maulpertsch. Ce beau sanctuaire, érigé sur les plans de Lucas von Hildebrandt, est encadré par les bâtiments symétriques de l'ancien collège et du séminaire.

71. *Le Ring* (I.). Le magnifique boulevard circulaire du Ring (ou Ringstrasse), qui entoure la Cité, fut créé, voici bientôt un siècle, sur l'emplacement des anciennes fortifications. Les vastes palais des institutions culturelles et les bâtiments officiels, construits dans des styles différents, alternent avec de beaux jardins. Au premier plan, on aperçoit le Parlement, érigé de 1873 à 1883 dans le style de l'antiquité grecque. Devant la rampe, statue de Pallas Athéné, en marbre blanc. — Le Parlement est le siège des deux Chambres qui exercent en Autriche le pouvoir législatif, soit du Conseil National (Nationalrat) et du Conseil Fédéral (Bundesrat). — Parmi les somptueux édifices qui bordent le Ring, on relèvera encore les deux Musées, construits de 1872 à 1881, dans le style de la Renaissance italienne, par les architectes Karl baron de Hasenauer et Gottfried Semper. Ces deux monuments, qui se font face, offrent un aspect extérieur presque identique. Les col-

lections qu'ils embrassent comptent parmi les plus importantes et les plus précieuses du monde entier. Le Kunsthistorisches Museum (Musée d'Histoire de l'Art ou Musée des Beaux-Arts) contient les départements suivants: Antiquités égyptiennes, Antiquités grecques et romaines (avec le cabinet des monnaies et médailles), Arts décoratifs du Moyen Age et de la Renaissance, Armes et Armures, le Lapidarium (inscriptions grecques et romaines) et la Galerie de Peinture (nombreux chefs-d'œuvre des écoles italiennes, française, hollandaise, flamande, espagnole et allemande; tableaux de maîtres modernes; aquarelles, dessins et cartons). — Le Naturhistorisches Museum (Muséum d'Histoire Naturelle) abrite les collections de minéralogie et pétrographie (magnifiques échantillons), de géologie et paléontologie, de préhistoire, d'ethnographie, ainsi que de zoologie et de botanique.

72. *Le Burgtheater* (I., Dr.-Karl-Lueger-Ring). Gottfried Semper et le baron Karl de Hasenauer élevèrent de 1874 à 1888, sur l'emplacement des anciens bastions, ce fastueux édifice, un des ornements du Ring, mais aussi un des premiers spécimens architecturaux du théâtre dramatique moderne. La vaste place de l'Hôtel de Ville, avec ses deux squares, fait face au Burgtheater. — A la fin de la seconde guerre mondiale, le théâtre subit de très graves dommages: la partie postérieure de l'édifice ainsi que la salle furent détruites. Les travaux de reconstruction durèrent dix ans. La réouverture eut lieu le 14 octobre 1955, dans le cadre d'une cérémonie officielle qui marque une date importante pour la scène viennoise.

73. *Hôtel de Ville. La salle des fêtes.* La salle des fêtes, toute en bleu et en or, entourée de galeries, est la plus grande de tout l'édifice. Illuminée et ornée d'une riche décoration florale, elle forme le cadre somptueux des réceptions officielles de la municipalité de Vienne. De ses fenêtres, une fort belle vue s'ouvre sur le Ring.

74. *Hôtel de Ville* (I., Rathausplatz). Friedrich von Schmidt éleva en style néo-gothique ce puissant complexe architectural qui groupe, autour de sept cours intérieures, de nombreux corps de bâtiment. La longue façade est surmontée, au centre, d'un campanile haut de 97 mètres et dont la pointe supporte la statue en fer de l'*Eiserner Rathausmann,* un des emblèmes de Vienne.

75. *L'Université* (I., Dr.-Karl-Lueger-Ring). La nouvelle Université, œuvre de Heinrich von Ferstel, fut achevée en 1883. Un grand nombre de professeurs éminents y ont enseigné, contribuant au progrès des lettres et des sciences. L'Ecole de Médecine de Vienne jouit d'une renommée mondiale. L'Alma Mater Rudolfina, fondée en 1365, la deuxième par ordre d'ancienneté parmi les universités de langue allemande, est la fidèle gardienne de glorieuses traditions, six fois centenaires.

76. *Maison de la Schreyvogelgasse* (I., Schreyvogelgasse 10). On raconte que Schubert aurait fait de la musique avec les jolies sœurs Tschöll dans cette maison qui s élève sur la Mölkerbastei. Pendant le second siège de Vienne par les Turcs, le «bastion de Melk» avait formé le principal objectif des assauts ennemis.

77. *Château de Schœnbrunn* (XIII.). L'empereur Léopold Ier chargea Fischer von Erlach l'aîné de construire un grand château et ordonna de transformer le bois «de la belle fontaine» en un parc à la française. Les travaux ne furent achevés que sous Marie-Thérèse, qui fit donner au palais sa forme actuelle. Séjour préféré de la maison d'Autriche, Schœnbrunn a été le théâtre de nombreux événements historiques: Mozart, enfant prodige, y joua devant l'impératrice, Joseph II s'y maria, Napoléon Ier y résida et y conclut en 1809 la paix de Schœnbrunn; son fils, le duc de Reichstadt — l'Aiglon — y vécut et y mourut. Les fastes du palais culminèrent en 1908 par les fêtes du jubilé de diamant de l'empereur François-Joseph.

78. *Parc de Schœnbrunn.* Maria-Thérèse fit réaménager le sévère parc baroque par le jardinier hollandais Adriaan van Stekhoven, qui lui donna son ordonnance actuelle.

79. *La Gloriette de Schœnbrunn.* Ferdinand von Hohenberg éleva en 1775 cette gracieuse galerie de style néo-classique. La Gloriette, construite au sommet d'une colline, domine le parc de Schœnbrunn; elle offre un panorama incomparable.

80/81. *Intérieurs du château de Schœnbrunn.* Les appartements de Schœnbrunn ont été magnifiquement décorés sous Marie-Thérèse par Nicolas Pacassi, aidé d'autres architectes. La salle de marbre et le cabinet «Feketin», communément dit «Millionenzimmer» («cabinet aux millions»), lambrissé de bois de rose chinois, sont d'une particulière richesse.

82. *Musée d'Histoire de l'Art: instruments de musique ancienne* (I., Neue Hofburg, Corps de Logis). La collection embrasse environ 360 objets, parmi lesquels des instruments rarissimes et de grande valeur. Elle permet de suivre le développement complet de lorchestre moderne.

83. *La couronne du Saint Empire Romain* (Trésor civil: «Weltliche Schatzkammer», I.,

Hofburg, Schweizerhof, escalier à colonnes «Säulenstiege»). Pendant près d'un millénaire, cette couronne a été le symbole de la domination universelle à laquelle aspiraient les Empereurs. Probablement créée en 962 pour le sacre d'Othon le Grand, elle fut ensuite portée lors de leur couronnement par tous les empereurs germaniques. Elle est le principal insigne du couronnement du Saint Empire; la plupart de ces joyaux datent de la période la plus brillante du moyen âge. C'est le seul trésor de couronne conservé intact jusqu'à nos jours.

84. *La couronne impériale de Rodolphe II (couronne d'Autriche;* Trésor civil: «Weltliche Schatzkammer», I., Hofburg, Schweizerhof, Säulenstiege). Depuis 1424, le souverain n'était autorisé que le jour du sacre à porter la couronne du Saint Empire. Il avait donc besoin d'un insigne officieux de sa dignité pour les autres cérémonies de son règne. Cette «couronne de la Maison de Habsbourg», exécutée pour Rodolphe II, rappelait sa triple qualité de souverain du Saint Empire romain germanique, de roi Bohême et de roi de Hongrie. Lorsque le nouvel Empire d'Autriche fut proclamé en 1804, François Ier fit de cette couronne le symbole officiel de la monarchie.

85. *Le «carrosse impérial» de la cour de Vienne* (XIII., château de Schönbrunn). Chef-d'œuvre de l'artisanat viennois, le carrosse impérial est la plus belle pièce de la «Wagenburg» de Schœnbrunn, la première collection de voitures du monde entier. La famille impériale s'en servait dans les grandes occasions; l'empereur Charles fut le dernier à y monter, pour se faire couronner roi de Hongrie (1916).

86. *Le Künstlerhaus (Palais des Beaux-Arts;* I., Karlsplatz 5). Ce fut Hans Makart qui inaugura la première exposition artistique internationale dans cet édifice, achevé en 1868. Par la suite, le Palais devint un centre de la vie artistique viennoise; on y expose chaque année les œuvres de peintres, sculpteurs et graveurs autrichiens et étrangers.

87. *Le bâtiment du Musikverein (Palais de la Musique;* I., Bösendorferstrasse 12). L'édifice de la «Société de Musique», bâti en 1869 par Theophil Hansen dans un style Renaissance inspiré de l'Antiquité classique, est particulièrement cher aux habitants de la capitale, car c'est ici que se déroulent les concerts de l'orchestre philharmonique de Vienne. Trois salles sont réservées aux manifestations musicales. La «Société des Amis de la Musique», propriétaire de l'immeuble, possède en outre une vaste collection d'instruments de musique, de partitions, de manuscrits, de portraits et d'autographes.

88. *La grande salle du Musikverein.* Les activités de l'Orchestre Philharmonique et de l'Orchestre Symphonique de Vienne, les deux grandes et prestigieuses formations musicales de la capitale, se déroulent dans le bâtiment du Musikverein (et dans celui, analogue, du Konzerthaus, terminé en 1913).

89. *La chambre où vécut et mourut Grillparzer* (I., Spiegelgasse 21). La demeure du plus illustre poète autrichien, qui fut le grand classique du drame national, est aussi simple et aussi modeste que le fut sa vie. Sinistrée en avril 1945, la maison a été reconstruite depuis.

90. *Maison du souvenir de Mozart* (I., Domgasse 5). Mozart habita cette maison de 1784 à 1787, à l'époque du plus bel épanouissement de son génie créateur; il y composa notamment ses «Noces de Figaro».

91/92. *La maison de Beethoven à Heiligenstadt* (XIX., Pfarrplatz 2). Beethoven passa l'été de 1817 dans cette maison de vignerons dont la belle cour est typique pour les villages viticoles de la banlieue viennoise. Ce n'est point là le seul immeuble de la capitale lié au souvenir de Beethoven, car le maître changeait souvent de domicile.

93. *Maison natale de Schubert* (IX., Nussdorferstrasse 54). La courette pittoresque de la vieille maison à deux étages, sise dans le faubourg du Himmelpfortgrund, et le minuscule jardin avec sa tonnelle servirent pendant quatre ans aux ébats du jeune Franz Schubert, futur créateur de mélodies immortelles et l'un des maîtres du *lied* allemand.

94. *Les Petits Chanteurs de Vienne.* Le célèbre chœur des Petits Chanteurs de Vienne remonte à la fin du XVe siècle. Ils se font entendre le dimanche, à la grand-messe de la Burgkapelle (chapelle du Palais impérial). Ils entreprennent de grandes tournées de concerts et répandent dans le monde entier la connaissance et l'amour de la musique viennnoise.

95. *Bal de l'Orchestre Philharmonique de Vienne.* Le bal de l'Orchestre Philharmonique est un des événements marquants de la saison viennoise; les artistes, qui n'exécutent d'habitude que des œuvres de musique sérieuse, se consacrent ce soir-là aux valses de Strauss et à d'autres airs de musique légère.

96. *Maison de campagne de la famille Strauss* (XIX., Am Dreimarkstein 13). Sur les coteaux de Salmannsdorf, aimable faubourg de Vienne, au milieu des vignobles, s'élève la maison de campagne où le petit Johann Strauss, âgé de six ans, jouait en secret ses premières valses.

97/98. *Ecole des Modes de la ville de Vienne* (XII., Hetzendorferstrasse 72). Sous Marie-Thérèse, le château de Hetzendorf commença par être une réduction de Schœnbrunn; par la suite, son aspect extérieur subit de nombreuses transformations. Les intérieurs ont gardé en partie leur caractère rococo. Depuis 1946, les lieux sont occupés par l'Ecole des Modes, établissement aux ambitions artistiques considérables, qui lui ont déjà valu un renom international.

99. *Arts décoratifs viennois.* L'ébénisterie, la ferronnerie d'art et les manufactures de porcelaine florissaient à Vienne dès le XVIIIe siècle. Au cours du Dix-Neuvième, la fabrication d'objets d'argenterie, de bronzes, d'articles en cuir et d'étoffes imprimées, la peinture sur verre et sur émail connurent un essor important. Après la première guerre mondiale, les arts décoratifs abandonnèrent les formes ornementales au profit des formes fonctionnelles. — La manufacture de tapisseries de Vienne fut rétablie en 1921 et la manufacture de porcelaine de l'Augarten en 1924.

100. *Viennoises.* Le grand poète autrichien Josef Weinheber a chanté l'éloge de la Viennoise dans une belle pièce de vers, dont on trouvera plus haut le texte (v. p. 24). En une langue mélodieuse, au rythme nombreux, le poème célèbre les vertus de cette femme, dont la grâce naturelle, la fine sensibilité, la gaîté souriante, la douceur, la bonté discrète et la noblesse d'âme lui semblent exprimer mieux que toute autre chose le génie artistique de Vienne, ville de la danse et de la musique.

101. *Un «Gugelhupf» (kouglof viennois).* Ce gâteau, un des produits les plus appréciés de la cuisine viennoise, est un proche parent du kouglof alsacien. Comme lui, il présente au milieu une ouverture en forme d'entonnoir.

102. *Vienne vue du Hochhaus* (I., Herrengasse 6—8). Au centre de Vienne, le building du Hochhaus nous offre jour et nuit un panorama incomparable, avec vue sur les rues étroites de la Cité, sur les tours et coupoles de la capitale et sur les collines du Wienerwald.

103. *Petits pains viennois («Viennoiserie»).* Parmi les spécialités les plus connues de la boulangerie viennoise, on citera les «Kipfel», croissants dont la forme imite celle de l'emblème turc, les «Semmel», petits pains blancs pareils aux «empereurs» français, les durs «Schusterlaiberl» faits de farine bise, et les savoureux «Salzstangerl», petites flûtes salées.

104. *Terrasse du café sur le toit du Hochhaus* (I., Herrengasse 6—8). Au sommet de ce building qui domine l'océan des toits de Vienne, les terrasses d'un grand café offrent un panorama splendide. — Les cafés sont une institution typisement viennoise, qui joue un rôle important dans la vie de la capitale.

105. *Musée Technique des Arts et Métiers* (XIV., Mariahilfer Strasse 212). Le Musée, inauguré en 1918, comprend plus de 250.000 objets. Les photographies suivantes (108—111) montrent quelques remarquables inventions autrichiennes.

106. *La première automobile à essence, construite par Marcus* (Musée technique). Ce véhicule, qui date de 1875, possède déjà toutes les caractéristiques de l'automobile moderne, notamment un moteur à quatre temps et à un cylindre, un carburateur muni d'un gicleur et un allumage électrique.

107. *Planeur de Lilienthal et «Taube» d'Etrich* (Musée technique). Dès 1910, le monoplan d'Etrich battait de nombreux records aux meetings internationaux d'aviation. Le planeur de Lilienthal remonte à 1891.

108. *Machine à écrire de Mitterhofer* (Musée technique). Le charpentier tyrolien Peter Mitterhofer inventa en 1866 cette machine à écrire, une des plus anciennes qui aient été construites. Elle présente déjà toutes les caractéristiques essentielles que les Américains développeront peu après dans leur «Remington».

109. *Machine à coudre de Madersperger* (Musée technique). La «main de fer» du tailleur Madersperger (1839) est une des réussites techniques les plus étonnantes dues à des Autrichiens. L'inventeur fut le premier à transférer le chas à la pointe de l'aiguille, condition préalable pour permettre la couture mécanique.

110. *La «Sécession»* (I., Friedrichstrasse 12). Construit en 1898 par J. Olbrich pour abriter les expositions d'art moderne, l'édifice de la «Sécession» marque une rupture consciente avec l'architecture traditionnelle. Le dôme en fer, qui figure des branches de lauriers, se signale par son originalité.

111. *Caisse d'Epargne postale* (I., Georg-Coch-Platz 2). L'architecte Otto Wagner, qui éleva ce bâtiment de 1904 à 1906, a renoncé à toutes les fioritures décoratives au profit d'une conception strictement fonctionnelle. Une ligne directe mène de Wagner, en passant par Adolf Loos et Oskar Strnad, à l'architecture sociale de la Vienne nouvelle.

112. *Eglise de l'asile d'aliénés du Steinhof* (XVI., Am Steinhof). Né à Vienne en 1841, Otto Wagner fut le premier architecte de langue allemande à reconnaître que le progrès technique et les problèmes nouveaux de l'urbanisme moderne entraînent nécessairement une révolution profonde de l'architecture. Hau-tement estimé à l'étranger, combattu dans son propre pays, Otto Wagner construisit, à côté de nombreux bâtiments profanes, la première église moderne (1906), dont le dôme qui scintille à travers la verdure est devenu un des emblèmes de Vienne.

113. *Centre d'accueil municipal pour enfants* (IX., Lustkandlgasse 50). Cette institution offre un asile agréable aux enfants dont la ville prend la charge. Depuis son inauguration en 1925, elle a recueilli une centaine de milliers d'enfants viennois.

114. *La Maison de la Radio* (IV., Argentinier-strasse 30a). La Maison de la Radiodiffusion Autrichienne, construite par Clemens Holzmeister, représente bien l'architecture viennoise des dernières années de l'entre-deux-guerres. L'équipement des studios ainsi que les autres installations de l'édifice correspondent à toutes les exigences de la technique moderne.

115. *Colonie du Werkbund* (XIII., Jagdschloss-gasse). Groupe de maisons unifamiliales modernes, construites en 1923 par la ville de Vienne, à proximité du vaste parc naturel du «Lainzer Tiergarten» (ancienne chasse impériale, aujourd'hui accessible au public).

116. *Le Karl-Marx-Hof* (XIX., Heiligenstäd-terstrasse 82—92). Immense bloc d'habitations ouvrières, dont la façade s'étend sur plus d'un kilomètre et qui abrite 1382 familles. Il possède d'importantes institutions sociales, telles que jardins d'enfants, clinique dentaire scolaire, buanderie centrale, établissement de bains, magasins et salles d'exposition. Le Karl-Marx-Hof inaugura une ère nouvelle dans l'architecture municipale de Vienne.

117. *Bloc d'habitations ouvrières municipales de la Kapaunplatz* (XX., Engelsplatz — Kapaunplatz). Cet immense bloc d'habitations, construit en deux tranches de 1930 à 1933 et de 1949 à 1952, contient près de 2500 logements et, en outre, des salles de réunion, une ambulance pour jeunes mères, des magasins, des terrains de jeux et une piscine pour enfants, un établissement de bains et une buanderie centrale, un restaurant, un jardin d'enfants etc. Il forme un quartier à part pour 8.000 habitants.

118. *Hôpital pour les accidentés du travail* (XII., Kundratstrasse 37). L'hôpital pour les accidentés du travail sur le Wienerberg fut construit afin de permettre le traitement des victimes d'accidents par des médecins spécialistes et d'après les méthodes modernes de la chirurgie des accidents. Les installations visent à rétablir au plus vite la capacité de travail des blessés. L'hôpital dispose de quatre salles d'opération et d'une salle de gymnastique. Dans la mesure du possible, les exercices de rééducation physique ont lieu au grand air. Tous les ouvriers, employés et indépendants, assurés contre les accidents du travail, reçoivent à l'hôpital un traitement gratuit.

119. *Gare de l'Ouest* (XV., Neubaugürtel). Détruite pendant le guerre, la gare viennoise de l'Ouest a été remplacée par un édifice moderne, achevé en 1953.

120. *Bloc d'habitation de l'Einsteinhof* (VI., Mollardgasse 30—32). Cité modèle de dimensions assez modestes (188 appartements, jardin d'enfants, ateliers, garages, bureaux et magasins etc.), elle est implantée au milieu d'une zone urbaine à forte densité de peuplement. Ici non plus, on ne renonce pas aux espaces verts.

121. *Foyer pour personnes âgées du Steinitzhof* (XIII., Auhofstrasse). Les appartements, implantés au centre d'une colonie d'habitations, sont pratiques et situés de plain-pied au rez-de-chaussée, ce qui permet à des personnes âgées vivant seules de continuer à faire ménage pour elles-mêmes, sans renoncer pour autant à tout contact avec leur entourage. 12 foyers analogues seront aménagés pour la fin de 1956.

122. *Jardin d'enfants du Don Suisse* (XIV., Auer-Welsbach-Park, Schlossallee 2). Ce jardin d'enfants spécial pour petits infirmes et arriérés a pu être établi grâce à la générosité du Don Suisse. Construit au milieu d'un parc, il est dirigé par un personnel hautement qualifié. Le département municipal de la Jeunesse administre au total 176 crèches et jardins d'enfants, confiés à des pédagogues expérimentés.

123. *Colonie du Congrès* («*Kongressiedlung*»; XIII., Dr.-Schober-Strasse 6—18, Burgenlandstrasse 4—12, Elisabethstrasse 3—27). Avec ses maisons à deux étages, ses institutions sociales, ses jardins et ses terrains de jeux, cette colonie à l'aménagement dispersé s'intègre harmonieusement dans le paysage du Wienerwald limitrophe. Elle fournit notamment un séjour idéal aux familles nombreuses.

124. *Ecole de Bâle à Siebenhirten* (XXIII., Weichselbaumgasse). Après 1945, les enfants de ce village de banlieue ont pu être préservés de la famine et des épidémies, grâce aux offrandes de la population de Bâle. En signe de gratitude, la nouvelle école communale porte le nom de la ville suisse.

125. *Gratte-ciel du Ringturm* (I., Schottenring 30). Ce building de vingt étages, le plus élevé de Vienne, a été terminé en 1955 sur les plans du professeur E. Boltenstern. Il donne au Ring, au grand boulevard de Vienne, le cou-

ronnement architectural qui s'imposait à cet endroit. Après la tombée de la nuit, le pylône du Ringturm émet sous forme de signaux lumineux les prévisions météorologiques pour le lendemain.

126. *Résidence de la Mommsengasse* (IV., Mommsengasse 6). Ce building à appartements, construit par une banque autrichienne pour loger ses employés, a été érigé à l'aide de fonds publics. Implanté dans une zone bâtie à forte densité de peuplement, l'immeuble se détache de son entourage par la clarté de ses formes.

127. *La Foire de Vienne au Prater*. Depuis le XIIIe siècle, Vienne possédait le droit de tenir marché, qui n'expira qu'en 1859, avec le nouveau règlement des métiers. La première foire d'échantillons de Vienne fut célébrée en 1921; elle est devenue, avec le temps, une institution permanente de l'économie autrichienne. Après l'interruption causée par la seconde guerre mondiale, la première Foire du temps de paix eut lieu en 1946 sur le terrain du Prater.

128. *Le Quai François-Joseph*. Ce secteur de la ville, particulièrement éprouvé au cours des hostilités, n'a été que partiellement reconstruit. Des parkings et des espaces verts ont remplacé un quartier encombré, ce qui a permis de faire ressortir certaines beautés architecturales intéressantes, telles que la plus ancienne église romane de la Cité, la Ruprechtskirche (v. illustration 29), et le quartier grec. La construction de gratte-ciels est prévue aux principaux points du Quai. Le réaménagement de cette artère correspond aux exigences de l'urbanisme moderne, sans détruire pour autant l'atmosphère d'un vieux quartier riche en souvenirs historiques.

129. *Piscine municipale pour enfants*. Aucune autre ville ne possède, comme Vienne, de piscines gratuites réservées aux enfants de six à quatorze ans. Les jardins publics de la capitale comptent une vingtaine de ces «bassins à patauger».

130. *Sur le marché*. Le département compétent de la municipalité administre actuellement 42 marchés, dont 36 pour le commerce de détail, soit 33 marchés ouverts installés sur des places ou dans la rue et que trois halles couvertes.

131. *Bains municipaux sur le Danube. Le «Gänsehäufel»* (XXII.). Le «Gänsehäufel» occupe une île boisée au milieu d'un bras du fleuve, dit «Alte Donau» («Vieux Danube»); sa plage s'étend sur plus d'un kilomètre de longueur. De la sorte, le citadin en quête de repos n'a pas l'impression d'être perdu dans la foule des baigneurs, mais de se détendre au sein de la nature. Des magasins et un restaurant bordent la place principale. Parmi les installations du Gänsehäufel, signalons le bain de lame, la piscine pour enfants et le terrain de sports avec ses appareils de gymnastique.

132. *Bains municipaux du Theresienbad* (XII., Hufelandgasse 3). Détruit pendant la guerre, cet établissement de bains municipaux fut reconstruit et inauguré en 1956. Il s'élève sur une source thermale chaude déjà connue des Romains. Il comporte des thermes couvertes pour 300 personnes, ainsi qu'une piscine à ciel ouvert. Les eaux résiduaires sont utilisées pour le chauffage du sol; toutes les installations techniques sont contrôlées et dirigées depuis un tableau central de commande et de mesure.

133. *La piscine du Stade de Vienne* (II.). Située au milieu des terrains de sports et de jeux du Prater, la grande piscine, avec ses nombreuses pelouses, ses bassins d'entraînement et ses bassins réservés aux enfants, est un des endroits préférés que le peuple de Vienne fréquente pour le week-end.

134. *Match de football au Stade de Vienne* (II., Prater, Krieau). Lors des rencontres internationales de football, le stade du Prater peut recevoir plus de 60.000 spectateurs. La prédilection des Viennois pour ce sport est bien connue.

135. *La Grande Roue du Prater* (II., Volksprater). Erigée peu avant 1900, la grande roue est devenue un des emblèmes de Vienne. Des wagonnets, l'on a une vue magnifique sur la capitale et sur ses environs.

136. *Le chemin de fer lilliputien du Prater* (II., Volksprater). Le chemin de fer lilliputien est une des attractions du «Wurstelprater», le Luna-Park de Vienne, dont la grande roue, les manèges de chevaux de bois, les «scenic-railways» et les nombreuses baraques foraines font le lieu d'amusement préféré des Viennois.

137. *Le «Vieux Danube»* (XXI et XXII.). L'«Alte Donau», entourée de bocages verdoyants, est un ancien bras du Danube, devenu de nos jours le rendez-vous des amateurs de sports nautiques. Le terme de «Danube bleu» s'applique à cette nappe d'eau plus qu'au grand fleuve lui-même.

138. *Marronniers en fleurs au Prater* (II., Hauptallee). L'allée principale, qui va du carrefour du «Praterstern» au «Lusthaus», ancien pavillon de chasse impérial, passe non loin des bâtiments de la Foire et d'un bras mort du Danube (le «Heustadelwasser»), à travers un paysage riant de bosquets et de vertes prairies. — C'est dans cette allée aussi que se déroulaient les fêtes du Prater, telles que le traditionnel «Blumenkorso» (bataille de fleurs).

139. *Sports d'hiver dans la banlieue de Vienne.* La situation géographique de la ville a fait du ski le sport favori des Viennois, qui vivent depuis toujours en étroite communion avec le Wienerwald. Le terrain accidenté des environs de la capitale offre d'excellentes possibilités aux amateurs de sports d'hiver.

140. *Bancs de glace sur le Danube.* Presque chaque année, des glaces flottantes encombrent le Danube. Quand l'hiver est rigoureux, le fleuve charrie des glaçons à contre-courant, de l'est vers l'ouest, en passant par Vienne. Un paysage arctique recouvre alors les eaux congelées, sur lesquelles de lourds camions peuvent rouler.

141. *Le Stadtpark* (I.). Ce parc, un des plus beaux de Vienne, est orné de monuments élevés à la mémoire de grands artistes tels que Bruckner, Johann Strauss et Schubert.

142. *Guinguettes de «Heuriger».* Les vignobles de Vienne couvrent une superficie de 600 hectares. La culture s'est à peine modifiée depuis le IIIᵉ siècle de notre ère, où l'empereur romain Probus est censé avoir introduit à Vienne les ceps de vigne. On cultive la vigne non seulement à Grinzing, mais encore à Heiligenstadt, Nussdorf, Sievering, Neustift am Walde, Perchtoldsdorf et Gumpoldskirchen.

143. *Vieille maison à Grinzing* (XIX.). Dès l'an 1110, Grinzing était un village florissant, mais il fut souvent détruit par la suite et il ne retrouva sa prospérité qu'après les guerres napoléoniennes et grâce à ses crus réputés, les «Grinzingerweine» (vins de Grinzing).

144. *Sur le Kahlenberg* (XIX.). Au sommet de cette colline, qui offre un des plus beaux panoramas de Vienne, s'élevait autrefois un ermitage, supprimé par Joseph II. C'est des pentes du Kahlenberg que descendit, le 12 septembre 1683, l'armée polonaise et impériale, commandée par Jean Sobieski, qui libéra Vienna assiégée par les Turcs. — De la terrasse du restaurant moderne, le regard embrasse la métropole danubienne avec, à l'horizon, les Petites Karpathes et le massif du Schneeberg.

145. *Le village de Kahlenbergerdorf* (XIX.). C'est là un des villages les plus ravissants de la banlieue viennoise. Dans le passé, il se trouva souvent exposé aux attaques ennemies. Une pittoresque montée d'escalier mène à l'église, édifice gothique transformé sous le baroque. Le romantique petit cimetière avec ses quelques tombes mérite d'être visité.

146. *Le Leopoldsberg* (XIX.). Le château-fort était la résidence d'été des Babenberg depuis que Vienne était devenue la capitale de leur duché d'Autriche. En commémoration de la bataille de 1683 contre les Turcs, Léopold Ier fit élever la petite chapelle qui porte le nom de son saint patron et à laquelle Charles VI fit donner en 1718 son aspect actuel.

147. *Abbaye de Klosterneuburg près de Vienne.* L'histoire de cette magnifique abbaye de chanoines réguliers de Saint-Augustin remonte à 1106. Les Babenberg, qui tenaient leur cour à Klosterneuburg, fondèrent le couvent et la canoniale. Charles VI voulut y faire élever une somptueuse résidence sur le modèle de l'Escurial. Les dernières transformations datent du milieu du XVIIIe siècle. Le monastère et l'église abritent des richesses artistiques inestimables, parmi lesquelles le célèbre retable de Verdun. Le 15 novembre, jour de la Saint-Léopold, a lieu une fête populaire avec le fameux «Fasselrutschen» (glissade du haut d'un grand tonneau à vin).

148. *Château de Liechtenstein près de Vienne.* Le château-fort, qui date du XIIe siècle, eut de nombreux sièges à soutenir. La chapelle, le corps de logis et le donjon sont couverts par un seul et même toit. Il y a quelques dizaines d'années seulement, le prince régnant de Liechtenstein fit restaurer la citadelle et lui rendre sa forme primitive.

149. *Le massif du Schneeberg, d'où jaillit l'eau potable de Vienne.* Le premier aqueduc de Vienne est alimenté par les sources des massifs de la Rax et du Schneeberg, situées à quelque 90 km de la capitale; le second par les eaux de la région du Hochschwab. Le Schneeberg (alt.: 2000 m), qu'on peut atteindre en une heure de voiture, est un des sites préférés des skieurs et des excursionnistes viennois.

150. *Abbaye de Melk sur le Danube.* D'abord résidence des Babenberg, Melk fut transformé par la suite en couvent fortifié; l'abbaye actuelle a été construite au début du XVIIIe siècle par J. Prandtauer, qui en a fait un des créations les plus imposantes de l'architecture baroque. La bibliothèque de 80.000 volumes contient des ouvrages de grand prix; la «Croix de Melk», exécutée par un orfèvre autrichien, est le joyau le plus précieux du monastère.

151. *Château de Dürnstein dans la Wachau.* A son retour de croisade, Richard Cœur de Lion, roi d'Angleterre, qui avait mortellement offensé le duc d'Autriche après la prise de Saint-Jean-d'Acre, fut enfermé par son ennemi dans le château fort qui domine le pittoresque village de Dürnstein sur le Danube. Ce fut, sous les Kuenring, la redoutable citadelle de chevaliers pillards. En 1645, les Suédois détruisirent le château et le village. Ravissante église baroque, construite en 1725 par Joseph Mungenast, élève de Prandtauer. Le bon vin de Dürnstein est fort apprécié des connaisseurs.

ANNOTAZIONI ALLE FOTOGRAFIE

1. *Panorama di Vienna visto dal Belvedere superiore.* Dal Belvedere superiore si gode un incantevole panorama. L'occhio spazia sopra il giardino del Belvedere, splendido esempio dello stile barocco, ornato con numerose fontane, statue e terrazze, per fissarsi sul Belvedere inferiore ed elevarsi poi sopra la vasta distesa di case fino alle colline del Kahlenberg e del Leopoldsberg. Nel centro ammiriamo la guglia del Duomo di S. Stefano, a sinistra la grande cupola della Chiesa di S. Carlo e a destra quella della Chiesa delle Salesiane.

2. *Belvedere superiore. Facciata sul cortile.* (III., Prinz-Eugen-Straße). Il palazzo del Principe Eugenio di Savoia, costruito fra il 1721 ed il 1724 è un insigne esempio del tardo barocco tedesco. Vi si davano grandi feste e sontuosi ricevimenti. Acquistato nel 1752 dalla Corte Imperiale accolse più tardi la pinacoteca imperiale. Vi alloggiò l'arciduca Ferdinando, che nel 1914 fu assassinato a Sarajevo. Attualmente vi si trova la Galleria dell'Ottocento con una ricca collezione di quadri e sculture. La Orangerie del Castello ospita ora il Museo di Arte austriaca medievale.

3. *Belvedere superiore. Cancello in ferro battuto.* È un'opera insigne eseguita su disegno di Lukas v. Hildebrandt nel 1728. In un giardino sulla destra vi si coltivano delle piante alpine rare. In un quartierino dell' „Ala dei Cavalieri" Anton Bruckner passò gli ultimi anni della sua vita e vi morì nel 1896.

4. *Belvedere superiore. Sala terrena.* L'Atrio, chiamato Sala terrena, è un ingresso di parata, la cui volta è sorretta da quattro enormi atlanti. Fra gli ambienti del Palazzo è degno di nota il salone di marmo, nel quale il 15 maggio del 1955 fu firmato il Trattato di Stato che ristabilì la sovranità dell'Austria.

5. *Belvedere inferiore.* Il palazzo fu costruito nel 1714 da Lukas v. Hildebrandt per il Principe Eugeno, che vi abitava d'estate. Qui ammiriamo la fronte sul giardino, mentre di dietro si trova la corte d'onore, a cui vi si accede attraverso un portale ad arco di trionfo. Ospita attualmente il Museo barocco con insigni opere del barocco austriaco.

6. *Palazzo Schwarzenberg.* (III., Schwarzenbergplatz.) La costruzione fu iniziata nel 1699 da Lukas v. Hildebrandt e condotta a termine da Fischer v. Erlach il giovane nel 1704. La parte mediana di forma ovale della facciata prospiciente il giardino è caratteristica. Gli interni contengono dipinti del pittore barocco austriaco Daniel Gran. Nel parco si vedono sculture di Lorenzo Mattielli.

7. *Palazzo Schwarzenberg. Sala con cupola.* La splendida sala ha l'altezza dell'edificio ed è una delle più importanti opere di stile barocco eseguite da Fischer v. Erlach il giovane. I magnifici affreschi raffigurano scene mitologiche.

8. *Politecnico.* (IV., Karlsplatz 13.) Questo edificio di stile classicistico, molto semplice ma ben equilibrato nonostante la sua lunga facciata, possiede una Sala delle cerimonie costruita su disegno di Pietro Nobile. La statua di ninfa del tardo barocco posta sulla scalinata che conduce alla biblioteca è di Giovanni Giuliani. I busti davanti la facciata rappresentano illustri professori del Politecnico. La prima pietra fu posta nel 1816.

9. *Chiesa di S. Carlo.* (IV., Karlsplatz.) È dopo il Duomo di S. Stefano la chiesa artisticamente più significativa di Vienna, con la sua grande cupola e le due colonne, simili a quella del Foro Traiano, con rilievi raffiguranti episodi della vita di S. Carlo Borromeo. Fu costruita dai due Fischer v. Erlach fra il 1716 ed il 1737 per sciogliere il voto fatto dall'Imperatore Carlo VI per impetrare la fine della peste (1713).

10. *Teatro dell'Opera.* (I., Opernring). Fu costruito da Eduard van der Nüll e August Siccardsburg negli anni 1861—1869. L'Opera di Vienna è divenuta un centro artistico internazionale. Verdi vi diresse nel 1875 alcune sue opere e la sua Messa di Requiem dedicata alla memoria di Alessandro Manzoni; Riccardo Wagner il suo Lohengrin. Dirigenti d'orchestra, musicisti e cantanti, come pure il balletto dell'Opera hanno rinomanza mondiale.

11. *Opera. Scalinata.* All'ornamento artistico dell'interno come delle parti esterne collaborarono vari celebri artisti, fra i quali Moritz v. Schwind, che dipinse gli affreschi del vestibolo ed i quadri raffiguranti scene del „Flauto magico" nel loggiato sopra l'entrata principale. L'Opera di Vienna fu inaugurata il 25 maggio 1869 con il „Don Giovanni" di Mozart. L'interno fu quasi completamente distrutto nella seconda guerra mondiale, ma ora è completamente restaurato. L'inaugurazione, che avvenne nell'autunno del 1955, fu un avvenimento di risonanza mondiale.

12. *La Kärntnerstrasse vista dal Ring.* La Kärntnerstrasse è una via di maggior traffico con i suoi negozi eleganti. Il suo nome ricorda le intense relazioni commerciali col già Ducato di Carintia.

13. *Stock im Eisen.* (I., Stock im Eisen-Platz 3—4). Si trova all'angolo della Kärntnerstrasse con il Graben ed è un tronco di pino con le radici in su, cosparso di chiodi che artigiani girovaghi usavano conficcare secondo un'usanza non ancora chiarita. Il lucchetto apposto è vuoto ma ritenuto „inapribile" ed ha avuto una parte importante nelle leggende della città.

14. *Accademia di Belle Arti.* (I., Schillerplatz). L'istituzione risale al 1692, ma il nuovo edificio fu costruito negli anni 1872—76 in stile rinascimentale italiano. È un capolavoro di Theophil Hansen. Oltre alle aule contiene una delle più importanti gallerie di dipinti. Il soffitto dell'Atrio fu dipinto da Anselm Feuerbach, che insegnò in questo Ateneo. L'insegnamento comprende i più svariati rami di tutte le arti.

15. *Duomo di S. Stefano* (I., Stephansplatz). L'inizio della costruzione risale alla metà del sec. XIII. Le Case dei Babenberg e degli Asburgo promossero la costruzione di questa meraviglia di pietra. È il simbolo della Città sul Danubio. La facciata a ovest con il grande portale e le due torri dette pagane è in stile tardo romanico del sec. XIII e fu incorporata nella nuova facciata di stile gotico. Il lato a sud è ricco di ornamenti e armonizza col campanile meridionale, alto 137 m, chiamato comunemente „Steffel" cioè Stefanuccio. Nella Torre dell'Aquila a nord troverà posto la più grande campana di tutta la Repubblica ed è chiamata „Pummerin". Durante i combattimenti per Vienna il Duomo fu gravemente colpito da bombe e devastato da incendi, ma tutta la popolazione ha contribuito al restauro.

16. *Duomo di S. Stefano. Interno.* È a tre navate sotto un medesimo tetto. La volta a sesto acuto è sorretta da dodici colonne isolate e slanciate, ornate con sculture gotiche. Il carattere medievale arricchito da elementi gotici e barocchi dà all'interno un aspetto imponente. Nella navata centrale si vede un bellissimo pergamo di stile tardo gotico di pietra arenaria, costruzione dell'inizio del sec. XVI del maestro Antonio Pilgram, di cui si vede scolpito l'autoritratto sotto il pergamo.

17. *Duomo di S. Stefano. Portale maggiore.* Il portale con le due torri dette pagane è la parte più antica del Duomo, avanzo della basilica a tre navate del sec. XIII in stile tardo romanico. Le due sbarre infisse nel muro indicavano la misura normale nel medioevo; il circolo al di sopra si crede indicasse la grandezza prescritta della pagnotta normale.

18. *Duomo di S. Stefano. Tomba di Federigo III.* Questa importante sepoltura di marmo rosso fu iniziata già in vita dell'Imperatore e terminata solo 20 anni dopo la sua morte. Le stupende ornamentazioni fanno apparire ancora più grande questo monumento, il cui coperchio porta l'effigie dell'Imperatore. La data della morte incisa nel marmo è rimasta incompleta.

19. *Duomo di S. Stefano. L'Altare di Wiener-Neustadt.* Questo trittico di legno proviene da Vikting in Carinzia e si trova nel Duomo fin dal 1884. I ricchi rilievi rappresentano scene della vita della S. Vergine. Le tavole laterali sono dipinte esternamente.

20. *La Colonna della Peste sul Graben.* (I.) La colonna consacrata alla S. Trinità fu eretta sotto Leopold I per sciogliere un voto fatto dall'Imperatore per impetrare la fine dell'epidemia pestilenziale del 1679. La costruzione fu eseguita su disegno e sotto la direzione dell'ingegnere imperiale Lodovico Burnacini. I sei rilievi del basamento sono di J. B. Fischer v. Erlach, il costruttore della Chiesa di S. Carlo. Con la sua abbondanza di sculture e forme architettoniche è uno dei più bei capolavori del barocco austriaco.

21. *Il Graben.* (I.) È una larga strada molto animata e con numerosi negozi eleganti, che fino al sec. XII era ancora un fossato, avanzo dei fossati che circondavano il castro romano. Nel medioevo serviva a vari mercati e più tardi vi si celebrarono manifestazioni religiose e feste della Corte.

22. *Chiesa dei Nove Cori degli Angeli e Colonna di S. Maria.* (I., Am Hof). La chiesa fu costruita negli anni 1386—1405 in stile gotico, il quale predomina ancora nonostante la facciata in stile barocco adattata nel 1662 da un membro della famiglia Carlone. Essa dà alla piazza antestante carattere italiano. Dall'alto della terrazza papa Pio VI impartì la benedizione in occasione della sua visita all'imperatore Giuseppe II. La Colonna di S. Maria è dovuta a un voto dell'imperatore Ferdinando III per essere Vienna stata preservata dalle truppe svedesi.

23. *Casa patrizia nella piazza Am Hof.* (I., Am Hof 12.) La forma attuale risale agli inizi del sec. XVIII. Gli sporti a semicerchio sopra il portone e le decorazioni della facciata ne fanno una delle più belle case barocche della città. Nei sotterranei vi è l'osteria-cantina Urbanikeller, la quale dà un'idea dell'ampiezza delle cantine della vecchia Vienna. Il grande numero di tali cantine fece dire all'umanista Enea Silvio Piccolomini, più tardi papa Pio II, che Vienna era costruita sotto terra non meno che sopra.

24. *Palazzo Kinsky.* (I., Freyung 4.) Questo bel palazzo aristocratico fu costruito da Lukas v. Hildebrandt. Il maestoso portale è fiancheggiato da atlanti e colonne. Notevole è l'atrio di forma ovale con cupola e decorazioni in stucco. Degne di nota anche la magnifica scalinata e la sala grande col soffitto dipinto da Carlo Carlone.

25. *Palazzo Kinsky. Scalinata.* La scalinata di stile barocco ed a una sola branca sfrutta genialmente il poco spazio a disposizione. Figure in nicchie e angeli che giocano ornano e ritmano la balaustrata di pietra. Il dipinto del soffitto è opera di Marcantonio Chiarini e rappresenta l'apoteosi dell'eroe guerriero.

26. *Hoher Markt con Colonna di S. Giuseppe.* (I.) Questa piazza formava una volta il centro della città sviluppatasi dall'antico abitato romano. Nelle vicinanze si trovava il Palazzo pretorio in cui abitò l'imperatore Marc'Aurelio e dove a quanto pare morì nel 180 d. C. Nel medioevo la piazza era fiancheggiata dal Tribunale e da carceri e vi era eretta la berlina, dove i condannati erano esposti al ludibrio pubblico. Dopo la seconda guerra mondiale si scopersero sotto la strada gli avanzi di due case di centurioni romani e vi si fece un piccolo museo. La colonna di S. Giuseppe in stile tardo barocco fu eretta per un voto fatto da Leopold I. Le statue di marmo rappresentanti lo sposalizio di Giuseppe e Maria sono opere di Antonio Corradini; la vasca è di Lorenzo Mattielli.

27. *Vecchio Municipio.* (I., Wipplingerstrasse 8.) Il primo edificio, insignificante, del 14.o secolo fu ampliato negli anni 1455—1457 in stile gotico. All'inizio del sec. XVIII fu adattata la facciata in stile barocco, come pure il bel cortile. La sala delle cerimonie è riccamente adorna di stucchi e affreschi. Attualmente l'edificio ospita alcuni uffici municipali.

28. *Chiesa di S. Maria al lido.* (I., Passauerplatz.) Questa chiesa situata sull'orlo della terrazza anticamente abitata dai Romani e bagnata da un braccio del Danubio, risale al 1158 ed è uno dei più importanti monumenti gotici di Vienna. Degno di nota il gracile campanile pentagonale con la sua graziosa cupola traforata, e il portale sormontato da un baldacchino adorno di statue.

29. *Chiesa di S. Ruperto.* (I., Ruprechtsplatz.) Questa chiesa posta su un'altura alla periferia dell'antico abitato romano-medievale si crede sia stata edificata sullo scorcio dell'11.o secolo, ma pare risalga all'epoca carolingia e sia stata costruita sugli avanzi di un tempio pagano. Elementi romani sono mescolati a elementi gotici.

30. *Schönlaterngasse con la Casa del Basilisco.* (I.) È una delle più vecchie vie di Vienna, con le sue case costruite nel periodo del primo e alto barocco. La leggenda narra che nel 1212 scavandosi un pozzo nel cortile dello stabile No. 7 ci si imbatté in un mostro creduto un basilisco, il quale esalava del gas asfissiante.

31. *Vecchio cortile nella Bäckerstrasse.* (I., Bäckerstraße 7.) Questa via è una parte dell'antica strada legionaria che conduceva da Vindobona a Carnuntum, capoluogo della provincia. Nel medioevo era una delle più popolose, con botteghe di artigiani. Nello stabile No. 7 è interessante il cortile a logge del sec. XVI, uno dei rari documenti del Rinascimento viennese.

32. *Heiligenkreuzerhof.* (I., Schönlaterngasse No. 3—5.) Questa pittoresca corte del Monastero di Heiligenkreuz, che conserva la spaziosità dei vecchi cortili dei monasteri, è menzionata per la prima volta in documenti del 1286. Nella fotografia si vede il giardino separato dalla grande corte da un muro adorno di sculture. In un angolo della corte vediamo la cappella di S. Bernardo, nel cui interno adorno di affreschi ammiriamo sull'altare maggiore un quadro di Martino Altomonte e sculture di Giovanni Giuliani, maestro di Raphael Donner.

33. *Griechengasse.* (I.) In questa via abitavano ricchi commercianti greci. Non è certo una delle più vecchie della città, ma ha conservato il suo caratteristico stile del 16.o e 17.o secolo. Nel cortile di uno stabile di recente costruzione, al No. 7, è rimasta intatta l'unica casa-torre gotica di Vienna ancora abitata.

34. *La Vecchia Università e la Chiesa dei Gesuiti.* (I., Dr.-Ignaz-Seipel-Platz.) Prospettano una delle più belle piazze di Vienna. La chiesa, detta propriamente „dell'Assunta" e che ricorda nella sua facciata modelli italiani è un'opera caratteristica del primo barocco. L'Università di Vienna fu fondata nel 1365 ed ebbe nel sec. XV sotto i gesuiti la sua prima fioritura. L'edificio di stile tardo barocco, costruito sotto Maria Teresa da Jean Nicolai Jadot de Ville-Issey, è ora sede dell'Accademia austriaca delle Scienze. Bellissimi gli affreschi del soffitto nella Sala delle Cerimonie dipinti da Gregorio Guglielmi nel 1755/56.

35. *Chiesa dei Gesuiti. Interno.* L'interno della chiesa fu ornato con affreschi dal gesuita Andrea del Pozzo. Vi si ammirano le finte architetture, le colonne tortili di stucco splendente, l'immagine della Madonna di Leopold Kupelwieser, illuminata da una finestra invisibile, ed il pergamo riccamente intarsiato.

36. *Portale della Cappella del Salvatore.* (I., Salvatorgasse.) La cappella è veramente divisa in due cappelle gotiche indipendenti. Ha preso il nome dalla statua del Salvatore posta sull'altar maggiore. Il magnifico portale di stile rinascimentale fu creato intorno al 1515 ed è uno dei pochi documenti artistici di quell'epoca.

37. *Piazzetta dei Francescani.* (I.) In questa piazza, la più piccola del centro, c'è la fontana di Mosè, creata nel 1798 da Johann Martin Fischer. La chiesa presenta elementi gotici e rinascimentali della Germania meridionale. Nell'interno predomina il carattere barocco. Il magnifico altar maggiore avente forma di baldacchino è ammirevole per la finta architettura dipinta da Andrea del Pozzo e per la statua in legno della Madonna di Grünberg. L'organo che risale al 1642 è il più vecchio di Vienna.

38. *Fontana nel cortile della Fondazione Savoiarda per nobildonne.* (I., Johannesgasse No. 15.) In una parete del cortile si ammira la fontana con la figura in piombo fuso che rappresenta la vedova di Sarepta, di cui la Bibbia narra che la sua ampolla dell'olio non si vuotava mai.

39. *Fontana di Andromeda nel cortile del Vecchio Municipio.* (I., Wipplingerstrasse 8.) È l'ultima e migliore opera del geniale maestro Georg Raphael Donner e rappresenta la liberazione di Andromeda per opera di Perseo.

È un alto rilievo in piombo fuso. La ringhiera in ferro battuto, la vasca ed i quattro putti ai due fianchi lo incorniciano mirabilmente.

40. *Palazzo di città del Principe Eugenio di Savoia. Portale.* (I., Himmelpfortgasse 8.) Il palazzo è uno dei più preziosi documenti del barocco viennese. Il Principe vi abitò per molti anni durante l'inverno e vi morì nel 1736. Nonostante sia opera di due architetti, J. B. Fischer v. Erlach e Lukas v. Hildebrandt, la sua omogeneità è notevole. I rilievi ai lati del portale rappresentano a. s. Ercole ed Anteo, a. d. Enea e Anchise. Fin dall'anno 1848 ospita il Ministero delle Finanze.

41. *Palazzo di città del Principe Eugenio di Savoia. La scalinata.* Il ripiano superiore della scalinata è sostenuto da quattro atlanti, opera di Lorenzo Mattielli, come pure i rilievi dei pilastri. Altri rilievi di Santino Bussi narrano le lotte di Ercole.

42. *Palazzo di città del Principe Eugenio di Savoia. Androne.* Questo solenne androne armonizza con tutte le parti del palazzo. Il vasto cortile permetteva il parcheggio delle vetture durante i grandi ricevimenti.

43. *Palazzo di città del Principe Eugenio di Savoia. Il salone azzurro.* Fra le sale riccamente adorne del primo piano è da notare anzitutto il salone azzurro. L'affresco del soffitto di Marcantonio Chiarini rappresenta lo sposalizio di Ercole con Ebe nell'Olimpo.

44. *Chiesa degli Agostiniani. Sepolcro dell'Arciduchessa Cristina.* (I., Augustinerstraße.) Questa chiesa di stile semplice e disadorno fu costruita nel 1339 e più volte restaurata, l'ultima volta sotto Giuseppe II. L'ornamento più cospicuo ne è il monumento alla arciduchessa Cristina, opera dello scultore classicistico italiano Canova. In questa chiesa fu celebrato nel 1810 il matrimonio per procuratorem fra Luisa d'Asburgo e Napoleone Bonaparte.

45. *Cripta imperiale dei Cappuccini.* (I., Neuer Markt.) Fra i 138 sarcofaghi di 141 membri della Casa d'Asburgo il più notevole per la sua sontuosità è quello di Maria Teresa e del suo consorte Francesco di Lorena, costruito ancora in vita della coppia regnante. Con esso fa contrasto la semplicità del sarcofago di Giuseppe II. Qui riposa anche la contessa Fuchs, educatrice di Maria Teresa, unica persona non appartenente alla Casa d'Asburgo.

46. *Chiesa dei Cappuccini.* Questo edificio dall'aspetto semplice fu edificato fra il 1622 e 1632. Gli altari sono scolpiti in legno senza dorature. Nell'interno vi sono due cappelle di grande valore artistico. Nella cappella a. s.,

unica opera conservata dell'alto Rinascimento, celebrò la messa Papa Pio VI (1782). Sulla sinistra della facciata si erge in una nicchia il monumento a Marco d'Aviano, predicatore della Corte, il quale nel 1683 si fece molto notare nella liberazione di Vienna dai Turchi.

47. *Fontana di Donner nella piazza Neuer Markt.* (I.) È l'opera più significativa dello scultore barocco Georg Raphael Donner (1731). La figura centrale raffigura la Provvidenza e le quattro figure che ornano l'orlo della vasca rappresentano fiumi austriaci.

48. *Rampa dell'Arciduca Alberto.* (I.) La rampa, ora sostituita da una scalinata, conduce al Palazzo d'Alberto, ed è un avanzo dei vecchi bastioni. Il lato frontale è ornato con la fontana „Danubio e Vindobona". Davanti al palazzo — che ora ospita l'Albertina con una biblioteca di grande valore e una delle più ricche collezioni di grafici, fra i quali disegni di Dürer, del Tintoretto, di Raffaello, del Perugino, di Michelangelo, del Tiziano — si erge la statua equestre dell'arciduca.

49/50. *Palazzo Lobkowitz e Sala dell'Eroica.* (I., Lobkowitzplatz.) In questo palazzo ebbero luogo le feste sontuose che fecero dire al Principe di Ligne: „Il congresso balla, non cammina". Nella grandiosa sala di marmo si eseguì per la prima volta l'Eroica di Beethoven. Il palazzo fu costruito su disegni di Giovanni Pietro Tencala. Fischer v. Erlach aggiunse alla facciata di stile primo barocco il magnifico portale.

51. *Biblioteca Nazionale. La fastosa sala maggiore.* (I., Josefsplatz.) Questo semplice e nondimeno monumentale edificio fu costruito in parte su desegni di Fischer v. Erlach padre fra il 1723—26, ed è una delle più notevoli creazioni del barocco austriaco. La facciata mostra già i primi segni dell'influsso del classicismo francese. Le parti laterali furono costruite da Nicolò Pacassi. La sala maggiore è un ambiente ovale con cupola, uno dei più splendidi e ricchi interni di stile barocco. Stupendo l'effetto degli affreschi di Daniel Gran. La biblioteca possiede, oltre a numerosissimi volumi, la più ricca collezione di incunaboli, manoscritti, stampe, autografi, spartiti musicali, carte geografiche, cimeli teatrali e di guerra.

52. *Piazza Giuseppe II con la Biblioteca Nazionale.* (I.) È una delle piazze più complete e signorili di Vienna, fra l'edificio della Biblioteca Nazionale con le due ali ed il Palazzo Pallavicini di fronte. Nel mezzo sorge la statua equestre in bronzo di Giuseppe II.

53. *Scuola di equitazione spagnola.* L'arciduca Carlo, figlio di Ferdinando I creò la monta di stalloni lipizzani di razza andalusa, i cui polledri sono neri, mentre i cavalli adulti sono bianchi. Gli esercizi eseguiti su questi stalloni sono una delle più caratteristiche attrattive viennesi ed hanno rinomanza mondiale. La sala del maneggio è la più bella di tutta Europa. Servì anche per feste della Corte, caroselli e concerti, ma ora vi si danno soltanto spettacoli di equitazione.

54. *Hofburg. Ala sulla Piazza S. Michele.* (I.) La facciata concava del possente edificio coronato da un'alta cupola occupa tutta la parte meridionale della piazza. Essa fu terminata solo verso la fine del sec. XIX su disegni di Fischer v. Erlach il giovane. Le monumentali fontane murali ai lati rappresentano allegoricamente la Potenza per mare e per terra.

55. *Hofburg, Porta degli Svizzeri.* La Porta degli Scizzeri, la più caratteristica opera del Rinascimento viennese, si trova nella parte più antica della Burg e dà accesso al Cortile degli Svizzeri, chiamato così perchè la guardia degli imperatori in quel tempo era composta di Svizzeri. Il portale ricorda modelli dell'Alta Italia.

56. *Hofburg, Cortile interno.* Il cortile interno è formato da edifici di epoche diverse, che dimostrano il lento svilupparsi della Burg. La fronte lunga a est ospitava una volta la Cancelleria di Stato e gli appartamenti imperiali, la fronte più corta con la torre ed i due orologi è chiamata Ala di Amelia. Di fronte all'Ala della Cancelleria, verso la Burg esteriore, è l'Ala di Leopoldo. Il Cortile è chiuso infine dall'Ala degli Svizzeri. Nel mezzo sorge la statua di Francesco I, modellata da Antonio Marchesi, circondata da quattro figure femminili che simboleggiano la Forza, la Pace, la Fede e la Giustizia.

57. *Monumento a Mozart nel giardino della Burg.* (I., Burgring.) Questo monumento fu scolpito nel 1896 da Viktor Tilgner e sorgeva prima nella piazzetta dietro il Teatro dell'Opera. Nel corso della seconda guerra mondiale fu danneggiato. Dopo il restauro fu inalzato nel Burggarten, giardino già imperiale, aperto al pubblico fin dal 1918.

58. *Nuova Hofburg.* (I.) Questo imponente edificio di stile rinascimentale, costruito da Hasenauer su disegni di Gottfried Semper, chiude la Piazza degli Eroi verso il giardino della Burg. Di fronte, dalla parte del Volksgarten, doveva inalzarsi un'altra ala, così da abbracciare tutta la piazza, ma la costruzione non fu mai effettuata. Nella piazza, sorgono le statue equestri del Principe Eugenio e dell'Arciduca Carlo, vincitore di Napoleone ad Aspern presso Vienna. Nell'ala prospiciente il Ring si trova il Museo etnologico. Anche le altre parti del complesso della Hofburg contengono collezioni varie.

59. *Gabinetto di lavoro del Presidente della Repubblica federale.* (I., Hofburg.) Si trova nell'ala leopoldina e le sue finestre danno sulla Piazza degli Eroi. La magnifica stufa ed i candelabri sono in stile roccocò e la scrivania, di cui si servì già Metternich, è in stile impero.

60. *Porta S. Michele.* (I.) È l'ingresso principale alla Burg con un magnifico cancello in ferro battuto. Prospetta la Piazza S. Michele ed il Kohlmarkt, una via con negozi eleganti.

61. *Piazza S. Michele.* (I.) Prende il nome dalla omonima chiesa di stile tardo romanico e risale al sec. XIII. Il portale di stile classicistico sul cui protiro si vede l'Arcangelo Michele di Mattielli, è del 1792. Di fronte al Kohlmarkt la piazza è limitata dalla facciata a cupola della Hofburg, mentre fra il Kohlmarkt e la Herrengasse vediamo la casa costruita nel 1910 da Adolfo Loos, un architetto che già allora applicò, in contrasto con lo stile del tempo, uno stile funzionale.

62. *Stallburggasse e Chiesa di S. Michele.* (I.) La chiesa compiuta nel 1416, non è delle più antiche di Vienna, ma conserva meglio di tutte il carattere romanico-gotico. In un passaggio a destra della chiesa c'è un interessante rilievo in pietra colorita raffigurante Cristo sul Monte degli Ulivi.

63. *Piazza degli Eroi.* (I.) Si era progettato di chiudere la piazza verso il Burgtheater con un altro edificio, ma questo progetto non potè essere effettuato. Lo sguardo è attratto soprattutto dalle due statue equestri del Principe Eugenio e dell'Arciduca Carlo, modellati negli anni 1860 e 1865 da Anton Fernkorn. La porta esterna che chiude questo cortile esterno della Burg è l'unico avanzo delle mura che cingevano la città e fu costruita nel 1824 da Pietro Nobile. È stata trasformata in monumento dedicato agli eroi austriaci e contiene a pianterreno la Tomba del Milite Ignoto.

64. *Centro di Vienna con la Hofburg.* In questa fotografia aerea vediamo in primo piano i due Musei separati dalla Hofburg dal tracciato del Ring. Nel mezzo si estende il Centro, in cui spicca il campanile di S. Stefano. Formano lo sfondo le verdi praterie alberate del Prater ed il Danubio.

65. *Cancelleria Federale.* (I., Ballhausplatz.) Questo edificio d'un barocco semplice fu costruito in parte sotto Carlo VI e Maria Teresa su disegno di Lukas v. Hildebrandt. Nel 1767 fu notevolmente ampliato da Nicolò Pacassi. Nel 1815 vi si tenne il Congresso di Vienna. Fino al 1918 ospitò il Ministero degli Affari Esteri ed attualmente è sede della Cancelleria Federale.

66. *Palazzo di città Liechtenstein.* (I., Bankgasse.) Fu iniziato verso la fine del sec. XVII da Antonio Riva su disegno di Domenico Martinelli per il conte Kaunitz. Poi fu acquistato dai principi Liechtenstein, i quali lo fecero ampliare da Gabriele de Gabrieli ed abbellire con stucchi da Santino Bussi e con sculture da Giovanni Giuliani, cosicchè è il palazzo dall'aspetto più italiano di Vienna.

67. *Chiesa dei Frati Minori.* (I., Minoritenplatz.) La prima pietra fu posta all'inizio del sec. XIV. Fu compiuta nel 1447. Durante l'assedio dei Turchi nel 1683 il campanile perse la cupola barocca ed ebbe un tetto provvisorio che gli conferisce una nota particolare. L'interno ampio e semplice mostra elementi gotici e barocchi. A una parete è incastrata una copia in mosaico della „Cena" di Leonardo. Alla parete destra sorge il monumento dedicato al poeta aulico Pietro Metastasio. La chiesa appartiene fin dal 1784 ad una congregazione italiana.

68. *Annesso barocco alla Chiesa dei Frati Minori.* È l'unico avanzo del convento demolito nel 1907 e contiene la sagrestia. Risale alla seconda metà del settecento e fa un grazioso contrasto con la chiesa gotica a cui è addossato.

69. *Palazzo Trautson.* (VII., Museumstraße No. 7.) È uno dei più bei palazzi del tardo barocco e fu architettato da J. B. Fischer v. Erlach il vecchio. Nell'interno si ammirano stucchi di Santino Bussi. La cronaca narra di sontuose feste celebrate nelle sale del palazzo e di giuochi pastorali nel giardino di stile roccocò. Attualmente appartiene allo Stato ungherese.

70. *Chiesa degli Scolopi.* (VIII., Jodok-Fink-Platz.) La chiesa parrocchiale Maria Treu appartiene alla Congregazione delle Scuole Pie, venuta a Vienna nel 1697, e fu edificata su disegno di J. Lukas v. Hildebrandt negli anni 1716—21, le due torri, solo nel 1752. Nel. fastoso interno la cupola ad arco ribassato presenta affreschi del pittore barocco austriaco Anton Maulpertsch. Il convento ed il convitto della Congregazione cingono la piazza, dove sorge la Colonna di Maria Vergine del 1713.

71. *Ringstraße.* (I.) Questo magnifico viale, costruito sul posto dei bastioni e fossati che cingevano il centro della città, è fiancheggiato da magnifici giardini pubblici e da sontuosi palazzi eretti in vari stili. In primo piano vediamo il Parlamento costruito negli anni 1873—83 dal neoclassicista Theophil Hansen. L'attico è ornato con 76 statue di marmo e 66 relievi. Davanti alla parte mediana in forma di tempio greco sorge la statua di Minerva.

72. *Burgtheater.* (I., Dr.-Karl-Lueger-Ring.) Questo maestoso edificio costruito nello stile istoricizzante dello scorcio dell'Ottocento fu inaugurato nel 1888. Sta di fronte al Palazzo del Municipio e all'omonima piazza con un magnifico giarino pubblico.

73. *Municipio. Sala delle cerimonie.* È una sala maestosa dipinta a colori azzurri e ori. È servita e serve per cerimonie e balli rappresentativi della città di Vienna. J. Strauss vi diresse dei concerti. Dalle finestre si ha attraverso i loggiati una magnifica vista sui vari edifici monumentali e sui giardini pubblici.

74. *Palazzo del Municipio.* (I., Rathausplatz.) Questo edificio monumentale eretto negli anni 1872—83 da Friedrich Schmidt in stile gotico-rinascimentale contiene, oltre ad uffici della amministrazione comunale e a sale per cerimonie, il Museo storico di Vienna con una ricca collezione di cimeli della storia viennese. Caratteristica la Torre, alta 97 m, sormontata dal gonfaloniere in bronzo (3 m), detto l'Uomo di ferro, con una lancia lunga 7 m.

75. *Università.* (I., Dr. - Karl - Lueger - Ring.) L'Ateneo fu fondato dal Duca Rodolfo IV nel 1365 ed è storicamente il secondo di lingua tedesca. Vanta nella storia molti insigni professori, medici, filosofi, giuristi e inventori. L'edificio attuale fu costruito negli anni 1873—83 da H. V. Ferstel in stile rinascimentale italiano.

76. *Casa nella Schreyvogelgasse.* (I., Schreyvogelgasse 10.) Questa casetta adorna di stucchi della fine del Settecento è situata sull'ultimo avanzo del bastione detto Mölkerbastei. Qui furono le lotte più accanite con i Turchi assedianti. La casetta è chiamata comunemente „Dreimäderlhaus = Casa delle tre ragazze", e si dice che Franz Schubert abbia frequentato questa casa, innamorato di una delle tre figlie del vetraio Tschöll.

77. *Schönbrunn.* (XIII.) Il Castello di stile barocco fu edificato per ordine di Leopoldo I da Fischer v. Erlach e trasformato in stile francese. Nella storia degli Asburgo ha avuto un posto importante. Era residenza prediletta di Maria Teresa. Qui morì il figlio di Napoleone, Duca di Reichsstadt e re di Roma. Qui chiuse gli occhi anche il penultimo imperatore, Francesco Giuseppe I, nell'anno 1916.

78. *Schönbrunn. Parco del Castello.* Ha preso il nome „Bella fonte" da una fonte scoperta dall'imperatore Mattia. Dopo le devastazioni causate dai Turchi ebbe la forma attuale sotto Maria Teresa per opera di vari giardinieri. È in stile francese arricchito di elementi romantici. Nel parco è degna di nota la Palmenhaus (serra delle palme). Annesso al Parco è uno dei più antichi giardini zoologici d'Europa (Tiergarten).

79. *Schönbrunn. La „Gloriette".* Su una altura di fronte al Castello sorge questo portico aperto da ambo i lati, da cui si gode una magnifica vista sulla residenza di Schönbrunn, su tutta la città e sulle colline della Selva viennese.

80. *Schönbrunn, Una sala.* L'edificio contiene 1400 ambienti costruiti da vari architetti e principalmente da Nicolò Pacassi. Sono in gran parte riccamente arredati.

81. *Schönbrunn. Il salone.* Fu costruito da Nicolò Pacassi in sostituzione del primitivo salone trasversale di Fischer v. Erlach. I fastosi affreschi allegorici del soffitto sono di Gregorio Guglielmi.

82. *Museo di Storia dell'Arte. Vecchi strumenti musicali.* (I., Neue Hofburg, Corps de Logis.) La collezione comprende circa 360 istrumenti d'ogni specie e paese. Fra essi ve ne sono molti preziosissimi e rari; altri ricordano noti compositori, come Schubert e Beethoven. La raccolta è un compendio di storia dell'orchestra moderna.

83. *La corona del Sacro Romano Impero Germanico.* (I., Hofburg, Schweizerhof, Säulenstiege.) Fu per quasi un millennio simbolo di assoluta sovranità sull'Europa. Fabbricata probabilmente nel 962 per l'incoronazione di Ottone il Grande, servì da allora per l'incoronazione dei regnanti del Sacro Romano Impero della nazione germanica. La raccolta di insegne imperiali, di cui forma il pezzo più importante, è l'unica rimasta intatta fin dal medioevo.

84. *Corona imperiale di Rodolfo II.* (I., Hofburg, Schweizerhof, Säulenstiege.) Trovandosi la corona del Sacro Romano Impero Germanico fin dal 1424 a Norimberga ed essendo essa destinata per le sole incoronazioni, Rodolfo II fece costuire per le cerimonie normali questa corona, che porta le insegne dei tre regni, quelle dell'Impero tedesco, della Boemia e dell'Ungheria. Nel 1804 fu proclamata corona ufficiale dell'Impero austriaco.

85. *Carrozza imperiale della Corte di Vienna.* (XIII., Schloß Schönbrunn.) Questo capolavoro dell'artigianato viennese è il pezzo più prezioso della più ricca e preziosa raccolta di vetture di Corte del mondo. La Famiglia imperiale se ne serviva in occasione delle cerimonie di incoronazione.

86. *Künstlerhaus.* (I., Karlsplatz 5.) In questo edificio eretto nel 1868 Hans Makart inaugurò la prima esposizione internazionale d'arte. I membri della Società Artisti di Vienna, che hanno dato alla città molte opere d'arte, vi espongono ogni anno le proprie opere ed altrostraniere.

87. *Edificio del Musikverein.* (I., Bösendorferstrasse 12.) Fu costruito nel 1869 da Theophil Hansen in stile Rinascimento ispirato all'antichità ed è il centro dei Filarmonici di Vienna e perciò molto caro ai Viennesi. Vi hanno diretto o suonato le proprie opere fra altri: Bruckner, Brahms, Johann Strauss, Franz Liszt. L'edificio, che appartiene alla Società degli Amici della Musica, conserva pure una ricca collezione di strumenti, manoscritti, spartiti di Beethoven, Josef Haydn, Schubert, Mozart, oltre a numerosi ritratti ed una ricca biblioteca.

88. *Grande sala del Musikverein.* Qui le due maggiori orchestre austriache, quella dei Filarmonici e quella dei Sinfonici, danno i loro concerti. I primi sono professori membri dell'orchestra del Teatro dell'Opera.

89. *La camera dove abitò e morì Franz Grillparzer.* (I., Spiegelgasse 21.) Qui il più grande drammaturgo austriaco, le cui opere sono divenute classiche, passò gli ultimi 20 anni di sua vita e vi morì nel 1872. Nell'aprile del 1945 la casa fu completamente distrutta da un incendio. La fotografia è una riproduzione del quadro dipinto da Franz v. Alt.

90. *Casa dove visse Mozart.* (I., Domgasse 5.) Qui Mozart compose „Le Nozze di Figaro" e vi visse dal 1784 al 1787, negli anni suoi economicamente più prosperi.

91/92. *Casa a Heiligenstadt dove visse Beethoven.* (XIX., Pfarrplatz 2.) È una delle molte case dove abitò Beethoven (1817). È una tipica casa di vignaiuoli con un bel cortile interno, caratteristico per i villaggi vinicoli dei dintorni di Vienna. In un altra casa di Heiligenstadt Beethoven scrisse nel 1812 il cosidetto testamento di Heiligenstadt, che è un appello all'Umanità.

93. *Casa dove nacque Schubert.* (IX., Nussdorferstrasse 54.) Qui il futuro creatore di musiche immortali e uno dei più grandi compositori di canzoni passò i primi quattro anni di sua vita. Una fontana a muro ricorda il suo famoso quintetto „La trota".

94. *I Piccoli Cantori di Vienna.* Questa istituzione risale alla fine del sec. XV. Si può godere il loro canto argentino ogni domenica alla messa cantata nella Burgkapelle. Due cori sono per lo più in giro per il mondo dando concerti, perchè l'Istituzione deve mantenersi da sè, mentre fino alla prima guerra mondiale era mantenuta dalla Corte Imperiale.

95. *Ballo dei Filarmonici di Vienna.* L'orchestra dei Filarmonici, che abitualmente suona musica seria, una volta all'anno, a capodanno, in una festa da ballo della società viennese, si dedica alla musica leggera sonando dei valzer di Johann Strauss.

96. *Casa di villeggiatura della famiglia Strauss.* (XIX., Am Dreimarkstein 13.) A Salmannsdorf, villaggio situato a nord di Vienna sulle pendici coperte da vigneti, dove la famiglia Strauss usava passare l'estate, il piccolo Johann compose a 6 anni il suo primo valzer.

97/98. *Scuola di Moda della città di Vienna.* (XII., Hetzendorferstraße 72.) Questo edificio di costruttore ignoto ed ispirato al Castello di Schönbrunn fu ampliato da Hildebrandt e da Nicolò Pacassi. L'interno conserva meglio lo stile roccocò. Dal 1946 ospita la scuola di Moda della città di Vienna, la quale ormai ha saputo farsi un nome internazionale.

99. *Artigianato viennese.* Nelle fotografie vediamo a. s. Il Cavaliere della Rosa, a. d. una coppa di vetro di Lobmeyer.

100. *Donne viennesi.* È un inno alle donne viennesi del grande poeta Josef Weinheber, morto alla fine della seconda guerra mondiale. Le donne viennesi gli sembrano esprimere meglio che tutte le altre cose il senso artistico di Vienna.

101. *Un „Gugelhupf".* È un dolce tradizionale simile a un turbante con nel cocuzzolo un vuoto dalla forma di imbuto. È il dolce preferito per le merende delle feste.

102. *Veduta dalla Hochhaus.* (I., Herrengasse 6—8.) Si ha un magnifico panorama su tutta la città fino alle colline della Selva viennese e in giorni sereni fino ai Piccoli Carpazi. Anche di notte la città offre un aspetto pittoresco.

103. *Panini di Vienna.* Vienna ha una grande varietà di panini, alcuni noti anche in Italia, come il chifel, che ricorda la mezzaluna ottomana, fatto con fior di farina e burro, ed il semel, che è lievitato con lievito di birra ed ha forma di rosa. Il salzstanghel è un panino a foggia di bastoncino cosparso di granelli di sale e di comino. Si usa specialmente nelle birrerie.

104. *Terrazza del Caffè sul tetto della Hochhaus.* (I., Herrengasse 6—8.) Gli ultimi tre piani di questa casa a 15 piani sono adibiti a caffè. I caffè di Vienna sono caratteristici luoghi di ritrovo della società viennese e il forestiero che li ha conosciuti se ne ricorda con piacere. Il primo caffè di Vienna fu aperto nell'anno dell'assedio 1683.

105. *Museo tecnico di Industrie e Mestieri.* (XIV., Mariahilferstrasse 212.) Fu inaugurato nel 1918 e conserva più di 250.000 oggetti d'invenzione, molti dei quali dimostrano l'apporto dell'Austria allo sviluppo della tecnica. Le fotografie 107—110 mostrano alcune invenzioni austriache.

106. *La prima automobile a benzina di Marcus.* Questa vettura è del 1875 e funziona ancora. Nel 1950 in occasione del 75.o anniversario girò per le strade della città.

107. *Il Velivolo di Lilienthal e il Colombo di Etrich.* Il velivolo di Lilienthal è del 1891. L'aeroplano di Etrich fu costruito nel 1910 e servì soprattutto per l'ammaestramento degli aviatori austriaci. Il tipo Colombo fu impiegato con successo nella prima guerra mondiale.

108. *La macchina da scrivere di Mitterhofer.* È una delle più vecchie macchine da scrivere ed ha già tutti gli elementi che caratterizzano la macchina americana Remington. Fu inventata da un carpentiere tirolese Peter Mitterhofer negli anni 1864—66.

109. *La macchina da cucire di Madersperger.* Fu un sarto a costruire questa „mano d'acciaio" nel 1839. Trasportando la cruna nella punta dell'ago rese possibile cucire a macchina. In occasione del 100.o anniversario della nascita dell'inventore fu rimessa in moto.

110. *La „Secessione".* (I., Friedrichstrasse 12.) L'edificio eretto nel 1898 da Josef Olbrich è una pietra miliare nella storia della edilizia viennese, perchè allontanandosi dallo stile tradizionale è aderente al materiale, al tempo e allo scopo. La cupola è formata da un intreccio di ramoscelli di lauro.

111. *Cassa di risparmio postale.* (I., Georg-Coch-Platz.) Questo edificio puramente funzionale che rinunzia ad ogni decorazione superflua fu eretto da Otto Wagner, dal quale attraverso Adolf Loos e Oscar Strnad arriviamo in linea diretta all'architettura sociale e industriale della nuova Vienna.

112. *Chiesa „Steinhof", di Otto Wagner.* (XVI., Am Steinhof.) Otto Wagner, nato a Vienna nel 1841, fu il primo architetto di lingua tedesca a riconoscere che i nuovi ritrovati tecnici ed i nuovi problemi di edilizia sorti per una città in procinto di divenire metropoli dovevano mutare fondamentalmente anche l'architettura. Questo famoso architetto, assai stimato all'estero ma incompreso e denigrato nella sua patria, eresse nel 1906 oltre a numerosi edifici profani anche la prima chiesa moderna, la cui cupola occhieggiante fra il verde è divenuta un simbolo di Vienna.

113. „*Maternità e infanzia*" *della città di Vienna.* (IX., Lustkandlgasse 50.) Nell'accogliente cortile a giardino della sezione „Assistenza all'infanzia abbandonata" sorge la „Grande Madre", che protegge l'infanzia dai pericoli della metropoli. La Casa ha il compito di dar ricovero provvisorio all'infanzia materialmente o moralmente abbandonata. Dal 1925, anno della inaugurazione, fino ad oggi già 140.000 bambini vi sono stati accolti.

114. *Casa della Radio.* (IV., Argentinierstrasse 30 a.) Costruita fra il 1935 e il '38 secondo progetti di Clemens Holzmeister, è rappresentativa per l'architettura viennese della prima Repubblica. I moderni impianti dei suoi studi ne fanno una delle più moderne case di diffusione radiofonica.

115. *Città giardino del Werkbund.* (XIII., Jagdschlossgasse.) Queste case per singole famiglie furono costruite nel 1932 dal Comune di Vienna e vi collaborarono vari architetti di fama, austriaci e stranieri, dando luogo ad animate discussioni sull'arte edilizia moderna. Sono situate nelle vicinanze del „Lainzer-Tiergarten", una riserva di vaste dimensioni, aperta al pubblico.

116. *Complesso di case Karl-Marx-Hof.* (XIX., Heiligenstädterstrasse 82—92.) Fu costruito negli anni 1926—30 e misura 1 km di lunghezza, dando alloggio a 1380 famiglie. Contiene molti importanti istituti sociali, quali asili d'infanzia, posta, lavanderie centrali ecc. La sua costruzione iniziò una nuova era dell'edilizia sociale promossa dal Comune di Vienna.

117. *Complesso di case Kapaunplatz.* (XX., Engelsplatz-Kapaunplatz.) È una città giardino con 8000 anime e 2500 appartamenti. È provvista di sale di ritrovo, negozi, uno stabilimento balneare, una lavanderia pubblica, ristoranti, un asilo d'infanzia Froebel, giardini pubblici, piscine per l'infanzia e una sezione della „Maternità e infanzia".

118. *Ospedale Infortuni sul lavoro.* (Am Wienerberg). Questo ospedale fu costruito per agevolare la cura degli infortunati sul lavoro da parte di medici specialisti, secondo i nuovi metodi della chirurgia infortunistica. La sua attrezzatura permette di ristabilire nel minor tempo possibile l'idoneità al lavoro del lavoratore infortunato. L'ospedale comprende quattro sale operatorie ed una palestra con attrezzatura moderna. Gli esercizi ginnastici hanno luogo preferibilmente all'aperto. In questo ospedale tutti i lavoratori infortunati, operai, impiegati e indipendenti, vengono curati gratuitamente.

119. *Stazione ferroviaria occidentale.* (XV., Neubaugürtel.) Sostituisce la stazione precedente distrutta dal fuoco verso la fine della seconda guerra mondiale. Fu costruita nel 1953 con criteri modernissimi.

120. *Einstein-Hof.* (VI., Mollardgasse 30—32.) Nei rioni popolosi il poco spazio a disposizione non permette di costruire vasti complessi. Questo appartiene ai piccoli complessi e comprende 188 appartamenti, un asilo d'infanzia, laboratori, uffici, negozi, autorimesse ecc., non rinunciando al verde dei giardini.

121. *Abitazioni per i vecchi nello Steinitzhof.* (XIII., Auhofstrasse.) Fin dal 1952 il Comune di Vienna costruisce dei piccoli appartamenti a pianterreno per i vecchi, risparmiando loro così gli scomodi inerenti ad appartamenti troppo grandi e in piani troppo alti. Essi permettono loro di vivere ritirati pur mantenendo il contatto con gli inquilini del vicinato.

122. *Asilo d'infanzia specializzato della città di Vienna* „*Dono Svizzero*". (XIV., Auer-Welsbach-Park, Schlossallee.) Nelle vicinanze di Schönbrunn il Comune di Vienna ha creato, con l'aiuto del „Dono Svizzero", un asilo d'infanzia, specializzato ad accogliere bambini fisicamente o psichicamente anormali. Questo complesso di edifici specializzati per varie anormalità e sorvegliato da medici, pedagoghi e infermiere provetti è in mezzo a un grande parco. — La sezione comunale per l'Assistenza all'infanzia amministra 165 ostelli diurni per l'infanzia in cui ca. 14.000 bambini viennesi trovano le cure amorose di persone esperte.

123. *Città giardino Kongress.* (XIII., Dr. Schober Strasse 6—18.) Le case a due piani completate da istituzioni sociali sono situate in mezzo a giardini e cortili per i giochi infantili e formano un armonico trapasso dalla città al vicino bosco viennese. Sono una dimora ideale per famiglie numerose.

124. *Scuola elementare di Siebenhirten (scuola* „*Basilea*" *a Siebenhirten;* XXIII., Weichselbaumgasse.) È costruita con criteri tecnici e pedagogici del tutto moderni e porta il nome di Basilea per dimostrare gratitudine a quella città che negli anni postbellici aiutò ad alleviare la miseria di quel sobborgo di Vienna.

125. *La* „*Torre del Ring*". (I., Schottenring 30.) Questo grattacielo a 20 piani, alto 70 metri, fu costruito nel 1955 ed è l'edificio più alto di Vienna. Sorge là dove il maestoso

Ring sbocca nel Lungocanale. Dagli ultimi piani, accessibili al pubblico, si gode un magnifico panorama sulla città e dintorni. Sul tetto è eretta un'antenna, dove dopo l'imbrunire l'Istituto meteorologico comunica con segnali luminosi il bollettino meteorologico.

126. *Grattacielo nella Mommsengasse.* (IV., Mommsengasse 6.) Fu costruito con l'aiuto di fondi pubblici da un istituto bancario per i suoi dipendenti. È situato in un rione popoloso e fa spicco con le sue forme semplici fra le altre case che lo circondano.

127. *La Fiera campionaria nel Prater.* Fin dal sec. XIII. Vienna era una città con diritto a tener mercato. Nel 1921 si tenne la prima fiera campionaria viennese, la quale è divenuta in seguito una istituzione duratura dell'economia austriaca. Dopo l'intervallo della seconda guerra mondiale fu inaugurata nell'area del Prater la prima fiera campionaria del tempo di pace.

128. *Lungocanale.* (I.) Questa parte del Centro di Vienna, ai piedi dell'altura colonizzata dai Romani, fu gravemente danneggiata durante gli ultimi avvenimenti bellici e non fu ricostruita che in parte, così da lasciare spazio per parcheggi e prati e da rendere meglio visibile una delle più interessanti parti della città vecchia con la più antica chiesa romanica di Vienna, la chiesa di S. Ruperto, e con il quartiere greco. Nei posti più importanti sorgeranno dei grattacieli, i quali pur soddisfacendo le esigenze tecniche non guasteranno l'atmosfera di questa storica parte della città vecchia.

129. *Piscina comunale per l'infanzia.* Sono piscine gratuite in mezzo a giardini, riservate a ragazzi dai 6 ai 14 anni. Di tali piscine dall'acqua sterilizzata ve ne sono una ventina in tutta Vienna.

130. *Ore di mercato.* Per l'approvvigionamento della città il comune di Vienna amministra 42 edifici per mercato all'ingrosso. Esistono inoltre 33 mercati all'aperto in piazze e vie della città e 3 mercati al minuto coperti.

131. *Piscina comunale al Gänsehäufel.* (XXII.) Un'isola del Vecchio Danubio, che è un braccio morto del Danubio, offre ai bagnanti una spiaggia lunga un chilometro. I bagnanti possono riposarsi in piena natura, fra prati e alberete. Negozi, ristoranti e caffè vi rendono piacevole il soggiorno. Vi si possono praticare vari sport.

132. *Stabilimento balneare "Theresienbad".* (XII., Hufelandgasse 3.) Fu costruito nel 1956 sopra una fonte termale già nota ai Romani. Comprende una parte coperta per 300 persone ed una piscina aperta. Le acque defluenti ven-

gono utilizzate per riscaldare i pavimenti. Tutto l'impianto è controllato e regolato automaticamente da una centrale.

133. *La piscina dello Stadio.* (II.) È in mezzo alle verdi praterie alberate del Prater. Possiede la più moderna attrezzatura, bacini, trampolini, piste per corse e una tribuna per 5000 spettatori. Capannoni-guardaroba offrono posto a 7000 bagnanti.

134. *Partita di calcio nello Stadio.* (II., Prater, Krieau.) Lo Stadio di Vienna accoglie più di 60.000 spettatori. Questo Palazzo dello Sport armonizza perfettamente con la bella natura che lo circonda e permette vari sport, dal calcio alle corse ciclistiche.

135. *La Ruota gigantesca.* (II., Volksprater.) Fu costruita nel Parco dei divertimenti verso la fine del secolo scorso ed è alta 64 metri. Dopo il campanile di S. Stefano è divenuta un simbolo di Vienna. Dall'alto, seduti nei vagoncini, si ha un ampio panorama su Vienna e dintorni.

136. *La ferrovia lillipuziana.* (II., Volksprater.) Accanto a caroselli, altalene, autodromi ecc. è una delle attrattive del Wurstelprater, il parco dei divertimenti. Il trenino fa la spola fra il Wurstelprater e la Lusthaus, attraversando prati e folte boscaglie.

137. *Il "Vecchio Danubio".* (XXI.) Quando negli anni 1868—1881 fu regolato l'alveo del Danubio che bagna Vienna, rimasero alcuni bracci morti simili a piccoli laghi, con in mezzo degli isolotti verdeggianti. Il Vecchio Danubio è uno di questi bracci, dove si pratica il nuoto e gli sport nautici. Ad esso piuttosto che al vero Danubio si può applicare il nome di Danubio blu.

138. *Ippocastani in fiore nel Prater.* (II., Hauptallee.) La Hauptallee (viale principale) — che conduce dal Praterstern, punto d'incrocio di otto grandi strade, al Lusthaus, passando accanto allo Stadio e all'ippodromo a. s., e a un braccio morto del Danubio a. d. — è lunga 4 chilometri e mezzo ed ha per tutta la sua lunghezza quattro filari di castagni d'India, che in primavera offrono un magnifico aspetto con la loro ricca fioritura.

139. *Sport invernale alla periferia della Città.* Le pendici alla periferia di Vienna sono un terreno ideale per campi di sci, i quali nelle belle domeniche d'inverno brulicano di appassionati di questo sport. Ma anche i dintorni boscosi offrono belle passeggiate agli sciatori che amano la natura.

140. *Barriere di ghiaccio sul Danubio.* I gelidi venti delle steppe orientali fanno gelare quasi ogni anno le acque del Danubio, e qualche volta le masse di ghiaccio si accatastano da formare un paesaggio artico. Nel 1929 le lastre di ghiaccio avevano uno spessore di 2 metri e la temperatura a Vienna era scesa a 30 sotto zero.

141. *Particolare dello Stadtpark.* Vienna è ricca di parchi pubblici come di giardini privati. Uno dei più bei giardini pubblici è lo Stadtpark coi vecchi alberi, le aiuole fiorite, lo stagno con uccelli acquatici, il parco dei divertimenti per l'infanzia e i molti monumenti di grandi pittori e compositori, come Franz Schubert e Johann Strauss figlio.

142. *Un „Heuriger".* I vigneti dei dintorni di Vienna coprono un'area di circa 600 ettari. Si dice che l'imperatore romano Probo abbia trappiantato qui la vite nel terzo secolo dopo Cristo. Da allora la coltura si è poco trasformata. I veri Heuriger sono osterie rustiche dove i vignaiuoli vendono soltanto il proprio vino.

143. *Vecchio cortile a Grinzing.* (XIX.) Grinzing, che già nel 1110 era un fiorente villaggio, fu nel corso della sua storia più volte distrutto e non rifiorì che dopo le guerre napoleoniche grazie al buon vino che danno gli ubertosi vigneti delle sue colline. Molte case, poco appariscenti all'esterno, hanno dei graziosi cortili interni con giardinetti ombrosi e pittoreschi pozzi.

144. *Sul Kahlenberg.* (XIX.) Questa cima della Selva viennese è una meta preferita dai Viennesi per le gite domenicali. Dalle terrazze del ristorante omonimo si ha un'ampia vista su Vienna ed i suoi boscosi dintorni, sul Danubio fino ai Piccoli Carpazi a est, ed allo Schneeberg coperto di neve fino in maggio. Nel 1683 scesero di qui le truppe imperiali e polacche a liberare la città assediata dai Turchi.

145. *Il Leopoldsberg.* (XIX.) Era abitato già nel periodo neolitico. Intorno al 1110 Leopold III dei Babenberg vi fece costruire una rocca, che si dimostrò strategicamente importante. Fu demolita nel 1529 perchè non cadesse in mano ai Turchi. In memoria della vittoria del 1683 Leopoldo I d'Asburgo fece costruire sulle rovine del castello la cappella dedicata a S. Leopoldo, la cui forma attuale risale a Carlo VI (1718).

146. *Kahlenbergerdorf.* (XIX.) Questo piccolo villaggio pittoresco è situato alle falde del Leopoldsberg bagnato dal Danubio. La strada che vi passa è a quanto pare una parte della via del limes romano. Il nome del villaggio fu menzionato in documenti del sec. XII. La chiesa costruita nella seconda metà del sec. XII fu distrutta dai Turchi nel 1529. Fu riedificata in stile gotico con ampliamenti barocchi. Pittoresca la scalinata ed il piccolo camposanto.

147. *Klosterneuburg presso Vienna.* Questa Abbazia degli Agostiniani fu fondata nel 1106 dal margravio Leopold III il Santo della Casa Babenberg. L'edificio fu eretto negli anni 1114—1136 in stile romanico, più tardi ampliato in stile gotico e poi Rinascimento. Al principio del Settecento fu nuovamente ampliato in stile barocco da Donato F. Allio. Il convento e la chiesa conservano un ricco tesoro artistico, fra altro il celebre „Altare di Verdun". Nel giorno di S. Leopoldo ha luogo una festa popolare, in cui il popolo si diverte a scivolare giù per una gigantesca batte.

148. *Il castello medievale Liechtenstein presso Vienna.* Costruito nel sec. XII sotto i Babenberg sulla cima di una roccia per impedire le invasioni dall'Oriente, dovè subire molti assedi e fu più volte mezzo distrutto, l'ultima volta dai Turchi nel 1683. Alcuni decenni or sono il Principe regnante di Liechtenstein fece restaurare completamente secondo il piano primitivo questa dimora dei suoi antenati.

149. *Alle sorgenti dell'acqua di Vienna nel territorio dello Schneeberg.* Da questo meraviglioso massiccio, a 90 km da Vienna, parte l'acquedotto che fornisce a Vienna la sua ottima acqua. Fu costruito nel 1873 secondo progetti del geologo Eduard v. Suess. Un altro acquedotto parte dal Hochschwab a 200 km da Vienna nella Stiria. Lo Schneeberg è alto 2000 metri e sorge a un'ora d'automobile da Vienna. È una meta preferita dai Viennesi per praticarvi gli sport invernali.

150. *Monastero dei Benedettini a Melk.* In età romana sulla collina all'entrata della Wachau stanziava una guardia romana. Più tardi vi fu la residenza dei Babenberg. Nel 1089 fu eretta una abbazia dei Benedettini, che più tardi fu fortificata per resistere agli assalti dei Turchi. L'Abbazia attuale risale al 1702—1749. È la più grande di tutte le abbazie dell'Austria inferiore ed è l'unica edificata in stile tardo barocco. È ricca di preziosissimi tesori d'arte, fra i quali la Croce di Melk, un capolavoro di oreficeria. La biblioteca contiene 80.000 volumi, incunaboli e manoscritti.

151. *Dürnstein nella Wachau.* (Austria inferiore.) Le origini della pittoresca cittadina risalgono al principio del sec. XI. Alla metà del sec. XII i Kuenring vi costruirono il castello, noto per aver tenuto prigioniero Riccardo dal cuor di leone. Rimangono molti avanzi del medioevo e begli edifici del periodo barocco, che attirano molti pittori. La chiesa costruita nel 1721—1725 è una delle più belle del barocco austriaco.

Der Herausgeber wurde bei der Gestaltung des Werkes von Frau Maria Friedlaender, Herrn Magistrats-rat Dr. Adolf Krutiak, Herrn Dr. Norbert Krebs des Stadtbauamtes, Herrn Oberintendant d. R. Paul Harrer-Lucienfeld, Frau Dr. Grete Steinböck und einer Reihe öffentlicher Stellen unterstützt. Die englische Übersetzung besorgte Fräulein Marianne Schön, die französische Herr Prof. Dr. Forst-Battaglia und die italienische Herr Dr. Franz Eibl. Ihnen allen gebührt sein aufrichtiger Dank.

PHOTOGRAPHISCHE AUFNAHMEN:

Dr. Hans Angeli, Wien, Bild 130 — d'Ora Benda, Wien, 100 — Pressestelle der Stadt Wien, Bilderdienst, 127, 128 — Bildarchiv Österreichische Nationalbibliothek, 1, 2, 4, 6, 9, 19, 43, 44, 45, 56, 63, 64, 67, 70, 73, 77, 81, 88, 114, 147 — Bild- und Filmdokumentenarchiv Stadt-bauamtsdirektion Wien, 122, 124, (Lucca Chmel) — Hermann Brühlmeyer, Wien, 78, 149, 150, 151 — Franz Bus, Wien, 96 — Lucca Chmel, Wien, 5, 20, 26, 28, 29, 54, 74, 75, 76, 79, 94, 100, 124 — Daniel, Wien, 32, 33, 46, 71, 102 — Adolf Ehn, Wien, 3 — Oswald Elbl, Wien, 17, 27, 37, 56, 91, 129, 136, 143 — Leo Ernst, Wien, 95, 139 — Kurt Freisl, Wien, 108 — Martin Gerlach, Wien, 65, 66, 87, 113, 120, 123, 146 — Archiv Gerlach & Wiedling, Wien, 14, 148 — Albert Hilscher, Wien, 59, 138, 141, 144 — Hubmann, Wien, 60 — Ilka Photos, Wien, 99 — Rudolf Jobst, Wien, 61 — Dr. W. Kudrnofsky, Wien, 12, 21, 98, 112, 117, 121, 126 — Kunsthistorisches Museum, Wien, 82, 83, 84, 85 — Landesbildstelle Wien-Niederösterreich, 10, 24, 92, 93, 97, 135 — Hans List, Wien, 8, 57 — Prof. Hans Madensky, Wien, 116 — August Makart, Wien, 48, 101, 103, 118, 119 — Neubacher, Wien, 42 — Österr. Museum für ange-wandte Kunst, Wien, 99, 100 — Bruno Reiffenstein, Wien, 7, 11, 13, 15, 16, 18, 22, 23, 30, 31, 34, 35, 38, 39, 40, 50, 51, 52, 58, 68, 80, 90, 105, 111 — Dr. Gebhart Roßmanith, Kla-genfurt, 72 — Lothar Rübelt, Wien, 125, 134 — Alois Sedlacek, Wien, 104, 137 — Julius Scherb, Wien, 49, 86 — Gustav Schikola, Wien, 53, 62 — Erika Schmaus, München, 25, 41, 69 — Hertha Schulda-Müller, Wien. 145 — Städt. Sammlungen, Wien, 89, 133 oben — Technisches Museum, Wien, 106, 107, 109 — Usis Photodienst, Wien, 47 — Wiener Verkehrsverein, 140 — Max Zechmeister, Wien, 110.

MARC AUREL / PROBUS / WALTHER V. D. VOGELWEIDE / JANS ENENKEL
ENEA SILVIO PICCOLOMINI / PRACHATITZ / BUCHSBAUM / REGIOMON-
TANUS / HEINRICH ISAAK / KONRAD CELTIS / PILGRAM / L. CRANACH
CUSPINIAN / WOLFGANG SCHMÄLZL / WOLFGANG LAZIUS / CANI-
SIUS / SORBAIT / BURNACINI / ABRAHAM A SANCTA CLARA / FISCHER
v. ERLACH / GALLI BIBIENA / PRANDTAUER / FUX / HILDEBRANDT
STRANITZKY / CARLONE / D'ALLIO / RAPHAEL DONNER / D. GRAN
METASTASIO / VAN SWIETEN / ALTOMONTE / GLUCK / KURZ-BERNAR-
DON / PACASSI / CANALETTO / AUENBRUGGER / MAULPERTSCH / DENIS
HOHENBERG / HAYDN / SONNENFELS / QUARIN / ALBRECHTSBERGER
MESSERSCHMIDT / I. BORN / J. P. FRANK / ZAUNER / SALIERI / ZEILLER
SCHIKANEDER / FÜGER / CL. M. HOFBAUER / LAMPI / MOZART / DEGEN
CANOVA / JACQUIN / SCHREYVOGEL / MADERSPERGER / KAROLINE
PICHLER / BEETHOVEN / SENEFELDER / HAMMER-PURGSTALL / NOBILE
PRECHTL / VOIGTLÄNDER / PETER KRAFFT / LITTROW / DIABELLI
KORNHÄUSL / ANSCHÜTZ / S. SECHTER / DAFFINGER / RAIMUND
GRILLPARZER / WALDMÜLLER / PROKESCH-OSTEN / FENDI / KUPEL-
WIESER / BÖSENDORFER / SCHUBERT / NEGRELLI / FÜHRICH / HAIZIN-
GER / LANNER / TH. KRONES / NESTROY / KRIEHUBER / GHEGA / BAU-
ERNFELD / LENAU / SCHRÖTTER v. KRISTELLI / AMERLING / SEMPER
CH. DOPPLER / SCHWIND / ROKITANSKY / STRAUSS / SAUTER / END-
LICHER / SCHRÖDER / DANHAUSER / STIFTER / SKODA / ANASTASIUS
GRÜN / FEUCHTERSLEBEN / H. LAUBE / PETZVAL / GAUERMANN / OP-
POLZER / NICOLAI / FANNY ELSSLER / HYRTL / VAN DER NÜLL / RAHL
ALT / FERNKORN / HEBBEL / HANSEN / SICCARDSBURG / DINGELSTEDT
HEBRA / EITELBERGER / SEMMELWEIS / SUPPÉ / E. BRÜCKE / SCHLÖGL
PETTENKOFEN / MITTERHOFER / KÜRNBERGER / GABILLON / KUDLICH
BRUCKNER / HANSLICK / FR. SCHMIDT / SICKEL / UNGER / FERSTEL / BAU-
MEISTER / HELLMESBERGER / CANON / BILLROTH / HOCHSTETTER

SPANISCHE REITSCHULE
WIEN

„Die Winterreitschule"   Erbaut von 1729—1735

VORFÜHRUNGEN
KLASSISCHER REITKUNST

Intrada, v...

1. Junge Hengste

Conversano Graina	*Bereiter Bachinger*
Neapolitano Alea	*Ber.-Anw. Mikolka*
Conversano Oma	*Ber.-Anw. Tschautscher*
Neapolitano Biondella	*Ber.-Anw. Rohrer*
Neapolitano Flora	*Ber.-Anw. Eichinger*
Maestoso Stornella	*Ber.-Anw. Dellefont*

Festlicher Einritt, von L. Riedinger

2. Alle Gänge und Touren der Hohen Schule

Maestoso Bora	*Ober.-Ber. Irbinger*
Siglavy Modena	*Bereiter Lauscha*
Siglavy Bona	*Bereiter Riedler*
Neapolitano Caprice	*Ber.-Anw. Tschautscher*

a) Das liegt bei uns im Blut, von C. M. Ziehrer. b) Brucker Lagermarsch, von J. N. Kral
c) Deutschmeistermarsch, von A. W. Jurek

3. Pas de Trois

Maestoso Alea	*Hofrat Oberst a. D. Podhajsky*
Siglavy Modena	*Bereiter Lauscha*
Conversano Benvenuta I	*Bereiter Riedler*

Symphonie 40 in g-Moll, von W. A. Mozart

4. Arbeit an der Hand

Neapolitano Ancona	*Hofrat Oberst a. D. Podhajsky*
Neapolitano Santuzza	*Hofrat Oberst a. D. Podhajsky*
Pluto Brezia	*Ober.-Ber. Irbinger*
Neapolitano Deflorata	*Bereiter Lauscha*
Siglavy Barbana	*Bereiter Riedler*
Conversano Plutona	*Ber.-Anw. Mikolka*
Pluto Wanda	*Ber.-Anw. Tschautscher*

Mennett, von L. Boccherini

Photographiere

Nach der Vorführung ist die Besichtigung der Stallungen i

Eintrittspreise für Erw